JN190735

1日1つで
あらゆる厄を幸運に変える！

開運年表

預言天狗の開運お告げ
志賀美春

KADOKAWA

漫画

お金も恋人も仕事もほしい！　先生、何をすればいいですか!?

え…
あ…あなたは⁉
私は
預言天狗志賀美春です
本来神社の参拝方法は…
礼は90度
パン☆パンパン
"三礼三拍手一礼"です
それでどんなお願いをしたのかな？
まずお金持ちになって
幸せな結婚をして
あと仕事でもラクしたい！
なるほど
その願いを叶えて世の中にどんな貢献をしたいのかな？
はっ
こ 貢献⁉
えーっと その…

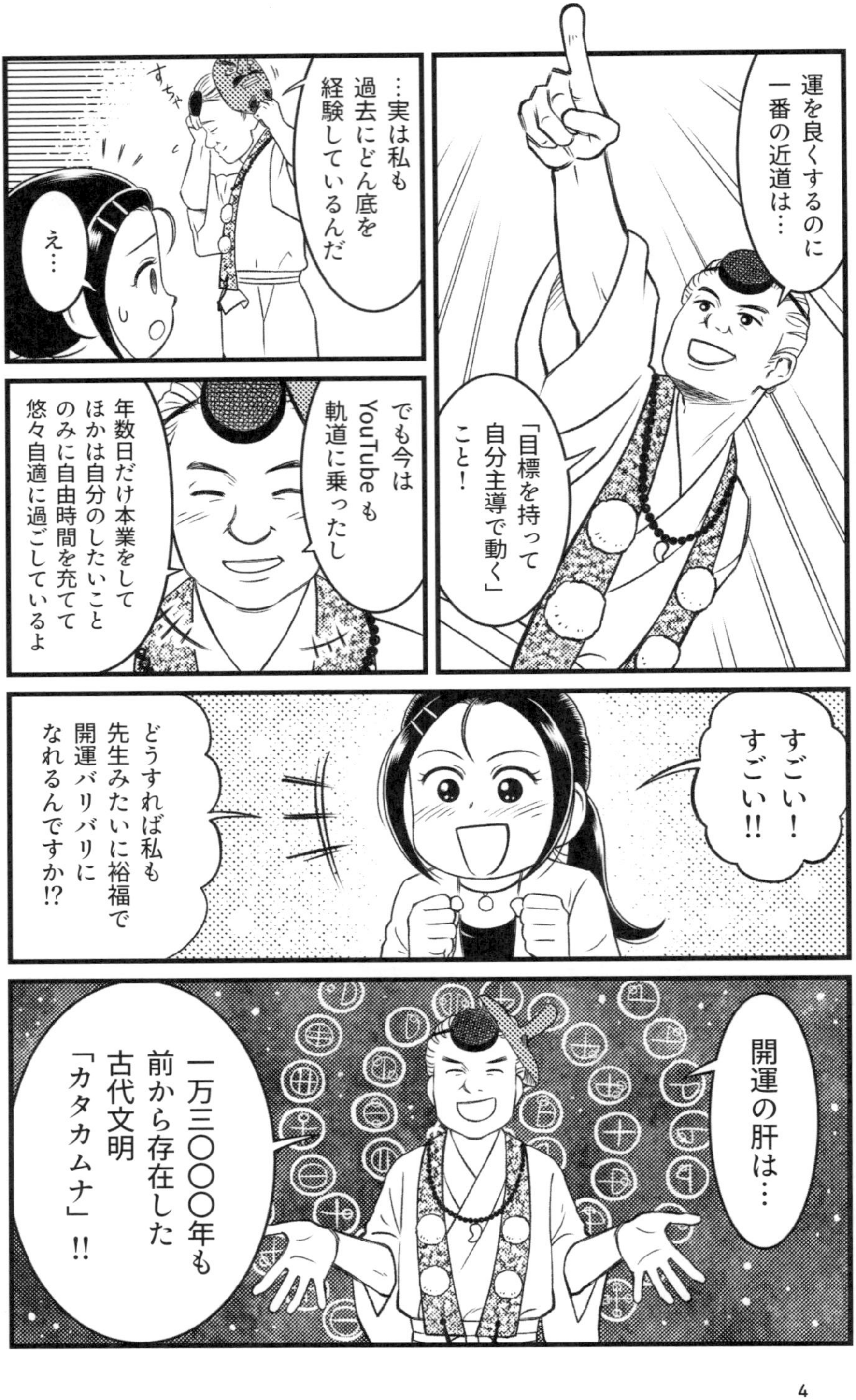

運を良くするのに
一番の近道は…
「目標を持って
自分主導で動く」
こと！
…実は私も
過去にどん底を
経験しているんだ
すちゃ
え…
でも今は
YouTubeも
軌道に乗ったし
年数日だけ本業をして
ほかは自分のしたいこと
のみに自由時間を充てて
悠々自適に過ごしているよ
すごい！
すごい!!
どうすれば私も
先生みたいに裕福で
開運バリバリに
なれるんですか!?
開運の肝は…
一万三〇〇〇年も
前から存在した
古代文明
「カタカムナ」!!

カタカムナの真の意味を解釈した「カタカムナ神道」に加え
日月神示
武術
マヤ暦
日月神示《ひつきしんじ》、武術、古代マヤ暦などを組み合わせた最強の開運術を今から特別に公開します！
かたか…むな？
ひつき…何？
？？
うん…そうだよね
ようするに、悪い言葉、考え、行動などで穢《けが》れてしまった魂を本来の輝くものに浄化でき
お金に不自由しなくなったり幸せな結婚が叶ったり希望の仕事につけたりする！
心も体も考え方も整い、前向きになって人生の目標も見つかる
本書ではそれを紹介します
よろしくお願いします先生！

まえがき

日本には、はるか太古の昔から密かに受け継がれてきた、「宇宙の真理」があります。

この宇宙の真理にならえば、誰もが天の理《ことわり》に沿って幸せで豊かな人生を送ることができます。

その宇宙の真理を教えてくれるのが、一万三〇〇〇年前から存在した古代文明「カタカムナ」。

本書では、このカタカムナの真の意味を解釈した「カタカムナ神道」に加え、日月神示《ひつきしんじ》、武術、古代マヤ暦などを組み合わせた、最強の開運術を特別に公開いたします。

私は志賀美春と申します。本業の保険代理店での仕事で一四年以上、世界のトップを走り続ける傍ら、YouTube で日々みなさんに必要な情報を届ける活動をしております。

一時期はどん底だった私の人生も、今回ご紹介する「最強の開運術」で大きく変化しました。

新卒で入社した大手銀行では三年で預金獲得額が西日本一となり、二十代で課長という異例の出世コースを歩んでいたのですが、壮絶なパワハラに遭いました。一念発起して三十代で外資系金融機関に転職。

しかしその会社では思うように業績を上げることができず、金銭的に行き詰まってしまい、**あまりの苦しさに一時は命を絶とうと思ったほどでした。**

ところが、その時武術家のレノンリー氏およびカタカムナ神道の土居正明氏に出会い、さまざまな開運手法を研究し実践するようになって、危機を乗り越えることができたのです。

業績は順調に伸びていき、保険の販売で世界トップ一％といわれるＭＤＲＴ（世界百万ドル円卓会議）に毎年選ばれています。

しかも最近では業務に使う時間も減っており、二〇二四年は実質作業時間が四日間ほどで、ＭＤＲＴ入会に必要な数字をクリアしました。

最強の開運術で厄を払って幸運ばかりの人生に変わる

残りの時間はYouTubeでの活動をしています。そのYouTubeのほうも本格的に配信をスタートして四年足らずで、登録者数が一〇万人を超えました。**このような幸運に恵まれたのも、最強の開運術のおかげといえます。**

これは、私の特殊な能力によるものではありません。誰にでもできることなのです。

この開運術を一言でいうなら、**この世に生まれてきた目的、使命に向かい、自分が生かされていることに感謝して、主体的に生きること**です。

私たちの魂は使命に向かうことで光を増していき、最後に光そのものになります。それが魂の目指す現世のゴールといえます。

ですからこの世界で使命を果たそうとすると、魂が大きな喜びを感じ、幸せで心豊かな気持ちになれるのです。現実的にも自然と道が開かれ、お金や人など、必要なものもついてきて、願望も叶います。

私の主宰する「神様と繫がる浄化ラウンジ」のメンバーにもそのような方がたくさんいます。

ある方はずっとサラリーマンをしていて、仕事にも人間関係にも悩んでいた時に、ラウンジで自分の使命を知りました。

それからすぐ仕事を辞め、まったくの未経験だった農業をスタート。田舎に引越して農産物のショップを開くなど、やりたいことをやってとても充実した幸せな日々を送っています。

私自身も、思ってもみないような幸運に恵まれるようになったのは、やはり使命に従って生きるようになってからです。

みなさんにも生まれ持った使命に向かって、生涯幸運な人生を送っていただけるように、本書でその開運術を紹介することにしました。

運を拓く基本と毎日できる手法を公開

最初に開運のための基本的な心構え、次に日常でできる手法をお伝えします。

日常でできることの一つが禊《みそぎ》です。

私たちは生きているうちに徐々に魂の光を遮断するような余分なものを身に着け、光を弱くしてしまいます。

その余分なものを取り除いていき、さらに光を強くして輝かせていくのが禊で、魂を磨くために欠かせない行為です。

また私たちが使命の道に進む時に、力を貸してくれるとても大切な神様が産土様《うぶすな》です。その産土様とのつながり方もご紹介していきます。

さらに、カタカムナ神道が解明した最強の暦である「カタカムナ数歌暦《かずうたれき》」も今回特別に掲載しました。

私たちは月や天王星のような天体の影響を受けて生きており、天体の流れに則って生きると物事が順調に進んでいきます。カタカムナ数歌暦はその天体の流れを完璧に示すもの。眺めるだけで開運効果があります。

暦をもとに開運日、行動のポイント、注意点などを説明していますので、ぜひご利用ください。

世の中は今、大きく変化しており、これからますます激動の時期がくると予想されています。

なぜこれほど変化が激しいのでしょう。

それは地球が次元上昇し、宇宙と天の川銀河とともにトリプルアセンションをしようとしているからです。

これから人類は、アセンションして天国のようなパラレルワールドの地球に行く人と、アセンションに失敗した地獄のような地球に行く人とに分かれます。**自分が地球を天国にするか、地獄にするか。その選択の時なのです。**

だからこそ今、一万三〇〇〇年の沈黙を破りカタカムナが世に出ているのです。ぜひこの開運術を用いて、未来を明るいものにしていってください。

もくじ

漫画 お金も恋人も仕事もほしい！ 先生、何をすればいいですか!? 2

まえがき 6
最強の開運術で厄を払って幸運ばかりの人生に変わる 7
運を拓く基本と毎日できる手法を公開 9

第一章

十三原律で読み解く「運」の正体

漫画 世の中にお役立ちすると運が巡る！ キーワードは「愛」 18

天・地・人への感謝と畏敬の念 24
使命へ向かうプロセスこそが本当の幸せ 25
日本人の役割である「三大地命」 27
主体性を持つと人生が好転する 28
見えない世界の力を借りると物事がスムーズに進む 29
心・意・体のバランスが崩れてはいけない 31

ひっそりと受け継がれてきた宇宙の真理「カタカムナ神道」 32
数字に秘められた、すさまじいパワー 33
眠っている能力が目覚める!? 月のリズムとカタカムナ数歌暦 37
地球の存続に大きく影響を及ぼす「天王星」の不思議な力 38
地獄かミロクか。地球にとってのラストチャンスがきた 40
日本文化に隠された次元上昇の言霊 42
地球の次元上昇を妨害!? 壊された日本の文化 43
スメラギの道が開き、千載一遇のチャンスが到来! 45
幸せと直結している!? 先祖供養の真のやり方 47

第二章 どんどん人生が好転していく「開運」行動

漫画 魂が汚れると運が逃げていくって本当ですか!? 50
開運に欠かせない「禊」とは? 56
なぜ魂を磨くと良いことが起こるのか? 56
禊になる神我の言霊 57

納得していなければ無理に許さなくていい　58
行動で潜在意識を変える　60
ネガティブはクリアリングしてチャージングする　61
新月と満月に合わせて行動する　62

浄化を促す禊　クリアリング　65

塩で体を浄化する　65
筋肉を使ってネガティブを祓う　68

オーラを大きくする禊　チャージング　70

自然に触れよう　70
食べ物は五色を意識する　71
アロマで嗅覚を刺激　72
紫の炎のマントラを唱える　73
炎をイメージする　74

究極の禊!?　効果が高すぎる　サ活　75

浄化とチャージが同時に行える「サウナ」のすすめ　75

願いを叶えてくれる「産土様」に会う方法 78
命を司る産土様の力を借りるには？ 78
志賀美春流・神社参拝の作法 79
お願いをする時は、二一日間連続で参拝をする 82
他の神社へのお取り次ぎをお願いする 83

第三章 カタカムナ数歌暦で運気上昇！ 五年分の開運カレンダー

漫画 カレンダーを眺めるだけでラクに開運しちゃう!? 86
二〇二四年一一月から二〇二九年一二月までの開運行動を網羅！ 88

あとがき 214

STAFF
ブックデザイン　白畠かおり
イラスト・漫画　高橋まい
編集協力　橋本留美
DTP　エヴリ・シンク
校正　ぷれす
編集　杉山悠

第一章

十三原律で読み解く「運」の正体

じゃあ先生
目標を設定するには
どうしたらいいの？
簡単なもので
かまいませんよ
漠然としていても
大丈夫
へえ…
例えば
「ゆっくり朝コーヒーを
味わえるような毎日」
とか
「いつでも
東京ディズニーランド
に行って楽しめる
環境」など
何でもいいのです
目標が
途中で変わっても
問題ありません
まず自分のやりたいことを
精一杯やって
その結果世の中に
お役立ちをして
いってください
お役立ち!?
そんなの無理だよ〜！
それに自分の力で
できる気がしないーー!!
そんな時は
「見えない世界」の
力を借りましょう！

私たちの住むこの宇宙では
目に見える物質界は
五%しかありません
残り九五%は
ダークエネルギーと
ダークマターといって
目に見えない世界で
できていると
最新の科学では
考えられています
海の真ん中に
浮かんでいる船
これが
「今見えている世界」だと
思ってください
ぽつん…
この船が明かりのない
暗い海に浮かんでいて
船の中以外は何も見えない
状況だとします
?
今海は嵐の中
船は大きく
揺れています
乗っている梨子さんは
ひどい船酔いになっています
うっぷ…
グラ
グラ
苦しくて苦しくて
仕方ないのですが
原因はわかりません

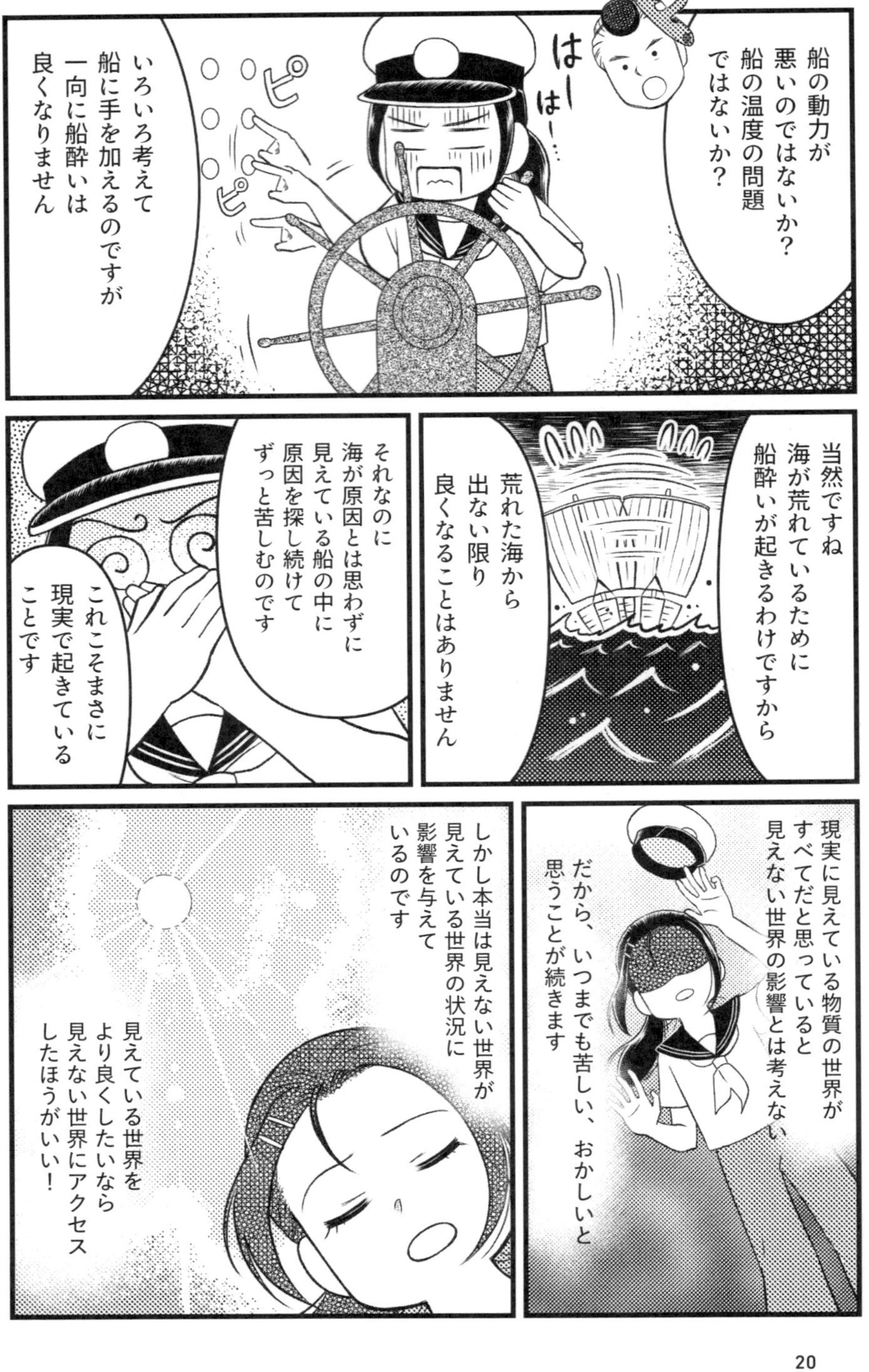
船の動力が悪いのではないか？船の温度の問題ではないか？
はーはー…
ピ
ピ
いろいろ考えて船に手を加えるのですが一向に船酔いは良くなりません
当然ですね海が荒れているために船酔いが起きるわけですから
荒れた海から出ない限り良くなることはありません
それなのに海が原因とは思わずに見えている船の中に原因を探し続けてずっと苦しむのです
これこそまさに現実で起きていることです
現実に見えている物質の世界がすべてだと思っていると見えない世界の影響とは考えない
だから、いつまでも苦しい、おかしいと思うことが続きます
しかし本当は見えない世界が見えている世界の状況に影響を与えているのです
見えている世界をより良くしたいなら見えない世界にアクセスしたほうがいい！

でも先生…その見えない世界にアクセスするにはどうしたらいいの?
実は…私たちに見えない世界の大いなる力を貸してくださる神様がいらっしゃいます
その神様とは…
産土様です
うぶすな…様!?
産土様とは自分が住む地域を守ってくださる神様のこと
第二章では産土様にお願いする作法を紹介します
産土様に特に目をかけていただけるのは
目標に向かって進んでいる人です

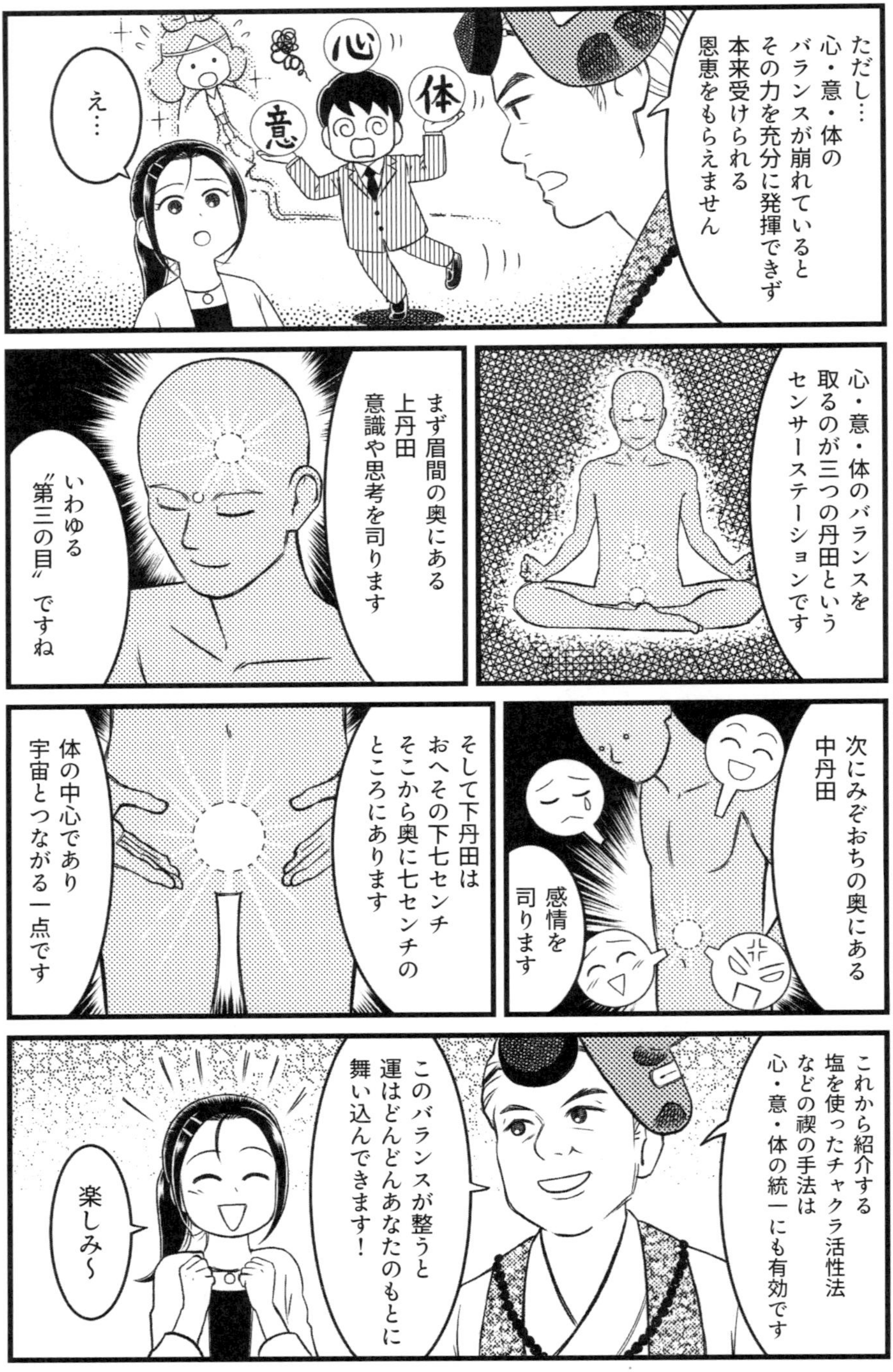
ただし…心・意・体のバランスが崩れているとその力を充分に発揮できず本来受けられる恩恵をもらえません
心
体
意
え…
心・意・体のバランスを取るのが三つの丹田というセンサーステーションです
まず眉間の奥にある上丹田 意識や思考を司ります
いわゆる〝第三の目〟ですね
次にみぞおちの奥にある中丹田
感情を司ります
そして下丹田はおへその下七センチそこから奥に七センチのところにあります
体の中心であり宇宙とつながる一点です
これから紹介する塩を使ったチャクラ活性法などの禊の手法は心・意・体の統一にも有効です
このバランスが整うと運はどんどんあなたのもとに舞い込んできます！
楽しみ〜

産土様は「地球を愛でいっぱいにして次元上昇させる」という使命を持っています
地球を…愛でいっぱいに!?
そう！ですから産土様の管轄の住民に同じ使命に向かって進んでいる人がいたら
産土様の使命の達成のためにもその人を助けてくださるのです
結果それが自分の能力開花開運や覚醒につながります
そうか…開運のためには産土様の力を借りればいいのね
その通り！一人一人の持つ力はとても大きいのです
はい…！

天・地・人への感謝と畏敬の念

ここから最強の開運術の基本的な考え方を詳しくご紹介していきましょう。

なんといっても開運するために欠かせないこと、それは、**あなたに必要なものを与えてくださる天と地と人に感謝し、畏敬《いけい》の念を感じること**です。

この世に自分の力だけで生きている人間はいませんよね。太陽はあなたが作ったわけではありません。空気もそうです。自分が地球を自転させているわけではありませんね。生きるために必要な自然の働きは、自分の手ではどうにもできないことばかりなのではないでしょうか。

生まれてすぐに無人島に置いてこられたら、普通は生きていけません。今あなたが生きているのは誰かが世話をしてくれたからです。水を全部自分で汲んできて使っていますか？

電気もスマホも、自分で作ったものではありませんよね。**私たちは誰一人、他人の力なくして生きていけないのです。**

生きるために必要なものをすべていただいているからこそ、あなたは今ここにいます。それを自覚するのが老子の言う「足るを知る」ということ。自分がいかにこの世界に守られ、生かされているかを実感し、感謝と畏敬の念を持った時、あなたの心は満ち足ります。

それが本当の意味での豊かさであり、開運の大きな第一歩なのです。

使命へ向かうプロセスこそが本当の幸せ

私たち人間はこの世で使命を果たすために生まれてきました。**その使命には天命《てんめい》・地命《ちめい》・我命《がめい》という三つの種類があります。**天命とは、すべての人間が天から与えられた生きる役割。地命とはあなたが生まれた場所や住んでいる場所に課せられた役割。我命とはあなた個人がこの世界で果たすべき役割です。使命とは神様からあなたへのご期待ともいえます。

試行錯誤しながら天命・地命・我命の方向に向かって行くことが魂の望む道であり、途中のプロセスにいるだけで私たちは真の幸せを感じます。

目指すゴールにたどり着きたいなら、自分がどこにいてどの道を進めばいいのか、早くわかっていたほうがいいですよね。何もわからず適当に歩んでいても、ゴールにはなかなか着けないどころか、逆戻りすることもあるかもしれません。その点で、早く自分の使命が何かを知り、使命に向けて行動していったほうがいいといえます。

自分の使命が何かわからないという方は、とりあえず目標を設定しましょう。**簡単なものでかまいません。漠然としていても大丈夫です。**なんとなく「こんなふうになったらいいだろうな」と思うことを目標に設定しましょう。まずは歩いていく方向を決めるのです。

例えば「ゆっくり朝コーヒーを味わえるような毎日」とか、「いつでも東京ディズニーランドに行って楽しめる環境」というように、何でもいいのです。途中で変わっても問題ありません。まず自分の好きなこと、**やりたいことを精一杯やって、その結果として世の中にお役立ちをしていってください。**

自分の好きなことというのは、日々の中にたくさんあると思います。「あぁ、幸せだな」と思える瞬間はありませんか？　その感覚を大事にしてほしいのです。

そして、「その感覚を繰り返すことができるようになるためには？」と考えてみてください。その答えがまず目指す「目標」です。そこに向かうことでたくさんの気づきがあり、次の目的地が見えてきますから、大丈夫です。難しく考えずに自由に目標を決めてみましょう。あなたの人生はあなたのものなのですから。

生きているだけで残りの寿命はどんどん減っていきます。せっかくだから、何かゴールを設定し、そこに向かって行動して、充実した幸せな人生を送りましょう。

日本人の役割である「三大地命」

天命・地命・我命のうち地命については、日本に生まれた人、住んでいる人の役割がはっきりしています。それは『日本書紀』に記されている次の三つです。

一　天壌無窮《てんじょうむきゅう》の神勅《しんちょく》＝（日本国民は）地球を愛でまとめて和《わ》し、地球を愛の星に次元上昇させよ。

二　宝鏡奉斎《ほうきょうほうさい》の神勅＝（天皇は）鏡を祀《まつ》って空の祀りをし、地球を次元上昇させよ。

三　斎庭稲穂《ゆにわいなほ》の神勅＝（日本国民は）お米を育て、お米を祀り、お米を食べて世界を繁栄させ、地球を次元上昇させよ。

どれもこの地球を次元上昇させる役割ですね。日本に生まれ、この地にいる私たちは、地球の次元を上げて愛の星にするという重要な役割を持っているのです。

ここでいうお米は玄米のことです。地命を全うするためにおすすめしたいお米の食べ方は、第二章で説明します。

主体性を持つと人生が好転する

使命＝目標を設定したら、そこに向かって主体的に生きましょう。**主体的に生きるためには、自分の身に降りかかる出来事を「誰か」や「何か」のせいにしないこと。**良いことも悪いこともすべて自分の責任だと捉えることが欠かせません。自分の責任であると捉えられれば、起きたことが**「もうどうしようもない」と感じたとしても、その後の未来はいくらでも自分で自由に創り出せるのです。**

もしあなたの現状が理想に比べてはるか低い状態だとしたら、**それは自分が過去に何をしたか、何をしなかったかの結果**です。時間は戻りませんから、嘆いたり苦しんだりしてもしょうがありません。それよりも自分で理想の未来に向けて生き、これから現状を少しでも良くしていくために行動すればいいのです。未来は何も決まっていません。

今うまくいかないことがあればそれは改善のチャンスでしかなく、うまくいくまで改善を繰り返せばいいのです。目標を達成することではなく、目標に向けて成長と貢献を続けているプロセスにいることが魂にとっての幸せであり、本当の成功だといえます。

見えない世界の力を借りると物事がスムーズに進む

人が生まれた時に持っているものは、それぞれ異なります。大金持ちの子も貧乏人の子もいれば、親の愛情をたっぷり受けた子も毒親のもとで育つ子もいますね。生まれた国が平和か戦争中かでも環境は全然違います。生まれた時の環境でその後の生き方も大きく変わっていくでしょう。

けれども何を持って生まれたかよりも、**自分がどれだけ人生の目標に向かって進んでいくかのほうが、人生を大きく変えます。**目標に向かっていれば、見えない世界が後押ししてくれるからです。恵まれた環境で育たなかったとしてもあきらめることはありません。

見えない世界って本当にあるの？　と思うかもしれませんが、この宇宙では目に見える物質界は五％しかありません。**残りの九五％はダークエネルギーとダークマターといって、目に見えない世界でできていると最新の科学では考えられています。**

では見えない世界は、どういう形で現実に影響を与えているのでしょうか。このことを知っておいてほしいので、例を挙げて説明したいと思います。

海の真ん中に浮かんでいる船、これが見えている世界だと思ってください。この船が明かりのない暗い海に浮かんでいて、船の中以外には何も見えない状況だとします。

今、海は嵐の中。船は大きく揺れており、乗っているあなたはひどい船酔いになっています。苦しくて苦しくて仕方ないのですが、理由がわかりません。

船の動力が悪いのではないか？ 船の温度の問題ではないか？ といろいろ考えて船に手を加えるのですが、一向に船酔いは良くなりません。


当然ですね。海が荒れているために船酔いが起きるわけですから、荒れた海から出ない限り良くなることはありません。それなのに、海が原因とは思わずに、見えている船の中に原因を探し続けて、ずっと苦しむのです。

これこそがまさに、現実世界で起きていることです。現実に見えている物質の世界がすべてだと思っていると、見えない世界の影響とは考えないので、いつまでも苦しい、おかしい、と感じることが続きます。

しかし本当は、**見えない世界が見えている世界の状況に大きく影響を与えているのです。見えている世界をより良くしたいなら、見えない世界にアクセスしたほうがいい**といえるでしょう。

ではアクセスするには、どうしたらいいと思いますか？

実は、私たちに見えない世界の大いなる力を貸してくださる神様がいらっしゃいます。その神様とは、産土様《うぶすなさま》です。**産土様とは自分が今住む地域を守ってくださる神様のこと。**第二章では産土様にお願いする作法をご紹介します。

産土様に特に目をかけていただけるのは、目標に向かって進んでいる人です。産土様は日本の地命としての「天壌無窮の神勅」を実現するという使命を持っています。

ですから、自分の管轄の住民に同じ地命に向かって進んでいる人がいたら、産土様の使命の達成のためにもその人を助けてくださるのです。

心・意・体のバランスが崩れてはいけない

一人一人の人間が持つ力は大きいのですが、心・意・体のバランスが崩れていると、その力を充分発揮できず、受けられる恩恵をもらえません。

「心」と「意」と「体」のバランスを取るのが三つの丹田《たんでん》というセンサーステーションです。そのうち眉間の奥の松果体にある第六チャクラを上丹田《かみたんでん》といい、意識や思考を司ります。

第三の目が開かれるとは、この上丹田が開かれ、松果体の能力が発揮されることを意味します。

みぞおちの奥の太陽神経叢《たいようしんけいそう》にあるのが中丹田。感情を司ります。下丹田はおへその下七センチ、そこから奥に七センチ行ったところにある臍下《せいか》丹田のこと。体の中心であり、宇宙とつながる一点です。

第二章で紹介する塩を使ったチャクラ活性法などの禊の手法は、心・意・体の統一にも有効です。このバランスが整うと、運はどんどんあなたのもとに舞い込んでくるようになります。

ひっそりと受け継がれてきた宇宙の真理「カタカムナ神道」

本書で紹介する開運術の基本となっているのは、古代文明カタカムナによって宇宙の真理を解明した「カタカムナ神道」です。

カタカムナ文明におけるカタカムナ文字とは、日本語の今の文字ができる前にあったもので、一万三〇〇〇年前から使用されていたといわれます。その存在は世間に知られることなく、長い年月の間ひっそりと受け継がれてきました。

しかし一九四九年（昭和二四年）に転機が訪れます。物理学者の楢崎皐月《ならさきこうげつ（さつき）》氏がカタカムナ神社の宮司に偶然出会い、その文字で書かれた巻物を見せてもらったのです。

宮司から許可を得た楢崎氏は、この文字が使われている八〇首をすべて書き写しました。これを機にカタカムナの存在が少しずつ広まり、独自に研究する人たちが現れたのです。

その一人が私の師である土居正明先生であり、土居先生が解釈したものが「カタカムナ神道」です。カタカムナ神道の中にある十三原律《じゅうさんげんりつ》や数歌暦《かずうたれき》などを用いれば、この宇宙の法則がすべて説明できます。さらにその法則を使うことで、宇宙の流れに沿い、大いなる大自然の力を借りて生きることができるのです。

数字に秘められた、すさまじいパワー

数字には「数魂《かずたま》」といって、それぞれ宿るエネルギーがあり、本来持っている力があります。**カタカムナ神道では、十三個の数字の数魂でこの世界のすべてが成り立っていると説明しています。これを「十三原律」といいます。**

十三原律では、この世界は一個目から十三個目の数字まで進化していき、十三個目の数字でまた新しい宇宙が始まるとされます。科学では宇宙は終わり＝始まりを繰り返して循環しているといわれていますが、それを表しているのです。

物事のすべてが十三の数のどこかの過程にあるため、今どの数魂にあるのかがわかれば、次はどうなってその次がどうなるかが予想できます。

また自分の生まれた月日など、縁のある数魂から天命・地命・我命を理解したり、ふと見た数字の意味によって神様からのメッセージを受け取ったりすることも可能です。

一（ひと）はすべてが一体であるというワンネスの神の状態。そこには私もあなたもなく、全部一体で混沌としています。

二（に）で一（ひと）の中に二つの極性が生まれました。つまり善と悪、陰と陽、光と影、戦争と平和、男と女などの二極です。もし世の中に悪がなければ善のありがたみはわかりませんよね。私しかいなかったら私が何者なのかがわかりません。対比するからこそ理解できることがあります。そのために二が生まれたのです。

三（さん）で二の極性がさらに分化して命が生まれました。つまり三＝産でもあり、命が生まれたという数魂です。三というのは肉体と霊体と魂の三重構造も表しています。

四（よ）は代《よ》＝時間、世《よ》＝空間のことであり、時空がある物質世界のことを表します。四は三の命の中にできた数魂です。

先ほどの海と船の例でいうなら、三が海であり、四は海に浮かぶ船だと考えてください。命という見えないものの中に時間と空間という見えている世界ができたのです。つまり時間と空間のある物質世界は、命の中にありながら区切られた特殊領域なのです。

五（ご）は一から九という一桁の数字の真ん中にありますから、中心という数魂です。五は自分の中心にある自分軸という意味にもなります。

自分軸とは、自分を天と地につなげ、理想と現状とを結ぶ線のこと。天命・地命・我命を果たすことがゴールだとすると、今の自分がどの位置にいるのかわからないとどうやって行けばいいかわかりませんよね。それを示してくれるのが自分軸になります。

六は「むゆ」といい、ムスヒ（結び）を表しています。ムスヒとは、マスミ（真澄）といわれる神様のいらっしゃる天上の理想の世界を地上に降ろし、地上を同じ理想の世界にしようとする働きのことで、理想の実現という意味になります。

七は地球、大地、産土様を意味します。「な」とは大地のことで、その「大地（な）」が成ることが「なな」。大地が成るとは、産土様のいらっしゃる地球ができるということです。

八（や）は水平に広がり、大きく発展するということから、進化を表します。

九（きゅう）は究極の究《きゅう》の意味で、極まる、完成するということです。

十（とお）は足りる、満ちるということ。この世界が満ち足りて次元上昇の準備が整うということです。一（ひと）から十（とお）まで行った人は、一（ひ＝靈）が止まる、つまりワンネスである神が宿ることになり、神である人＝靈止（ひと）になります。

靈止になればその大いなる神の力で、十一番目の数魂から十倍ずつ進むことができます。つまり一度に一桁ずつ上がることができ、十一個目＝百、十二個目＝千、十三個目＝万の数魂となるのです。この三つを百千万（ももちよろづ）といいます。

十一の数魂は百（もも）で次元上昇のことです。

十二の数魂は千（ち）。次元上昇が宇宙全体に散り散りバラバラに広がっていき、隅々まで行き渡ることをいいます。

十三の数魂は万（よろづ）で、広まったものがいったん収縮して統合されることです。十三まで行くとミロク（弥勒）の世といって、地球を含む宇宙全体が次元上昇した後の理想の姿になります。

この十三原律を意識して生きると次元上昇しやすくなり、自分が神であることを思い出すことができます。その十三原律に則り、**自然の流れを教えてくれる暦がカタカムナ数歌暦**です。

眠っている能力が目覚める⁉　月のリズムとカタカムナ数歌暦

太陽系や銀河系のそれぞれの星はお互いにバランスを取り合っています。地球も例外ではなく、他の星と調和が取れているからこそ今の環境があるわけです。

月と地球も絶妙にバランスを取り合う関係にあります。月が地球の影によって見えなくなる月食や、月の影によって太陽が隠れて見えなくなってしまう日食が起こるのは、地球から見た時の太陽と月の大きさが近いからですよね。

神様による筋書きか高度な文明を持った何者かが造ったのかと思うほど、地球にとって二つの星がちょうど良いバランスを保っているのです。

また潮の満ち引きをはじめ、地球の存在はすべて月のエネルギーの影響を受けていて、人間であれば女性の生理周期や感情のバイオリズムなども、月が地球を一周する約二八日周期です。

ある実験の結果によると、太陽光を完全に遮断して時計のない中で数日生活した人の大多数が、地球ではなく月の一回転と同じ二五時間前後を一日と感じています。これは潜在意識では月の影響を受けて生活していることを証明しています。

それほどまでに月のエネルギーが人に与える潜在的な影響力は大きく、月のサイクルを意識し

て行動すればするほど、潜在的に持っている能力も目覚めるといえます。

月を意識している暦として、日本では旧暦として使われていた太陰暦がありますが、これは地球から見た月のサイクルを基本にしています。月の一日二五時間×二八日（七〇〇時間）が地球の二九日分強（六九六時間）となるため、一か月＝二九日として調整日を入れるのです。

これに対して、完全に月のサイクルに合わせ、一か月＝二八日とするのがカタカムナ数歌暦です。木火土金水日月という七日間を一週間とし、ちょうど四週で起承転結して、七日×四＝二八日となります。

数歌暦では一年が一三か月あります。二八日で一か月とすると、一年が一三か月あれば、二八日×一三＝三六四日でほぼ一年になりますよね。つまり宇宙の流れを表す十三原律で一年が成り立つということ。

ですから**数歌暦を意識してくらすことにより、宇宙の流れに沿い、見えない世界の力を受け取ることができる**のです。この暦をみなさんが活用できるよう、第三章で特別にご紹介しています。

地球の存続に大きく影響を及ぼす「天王星」の不思議な力

太陽系の星々はそれぞれ地球に影響を与えていますが、中でも一番近い月とともに影響力の大きいのが天王星です。天王星、海王星、冥王星は地球からは肉眼でほとんど見えません。海に浮かぶ船の例のように、見えない世界（海）が見える世界（船）に与える影響力は大きいので、この三つの星の地球に及ぼす影響は無視できません。中でも一番地球に近い天王星の影響は計り知れないといわれます。

カタカムナ数歌暦には天王星のサイクルを教えてくれる暦があります。具体的にはこの暦は二六〇日で一周します。

地球が一三回転するのに要する時間＝天王星が二〇回転するのに要する時間であり、一三対二〇の最小公倍数である二六〇日で両者が同じ向きになることを表し、天王星の周期とシンクロできます。

古代マヤ暦も一年を二六〇日とするサイクルになっていて、天王星と地球の回転比率を表していました。**古代マヤ暦で日付を表すツォルキンナンバーを見れば、天王星が何週目の何日かがわかる仕組みになっていたのです。**

マヤ人は地球人ではなく、火星と木星の間にあった惑星マルデクから来た宇宙人といわれます。マルデクがオリオン大戦という太古の宇宙戦争により消滅した時、太陽系がバランスを崩して存続が危うくなってきました。

そこでマルデク星人が地球に古代マヤ暦を降ろし、暦に沿った生活をさせてバランスを調整しようとしたのです。**それだけ地球と天王星の関係が宇宙に与える力は大きいと考えられます。**

私たちにできるのは、カタカムナ数歌暦に沿って行動しながら、天王星に思いを寄せ、天体のエネルギーを意識してみること。そうすることで見えない領域とのつながりが深まり、宇宙のバランスを調整する役割が果たせるのです。

地獄かミロクか。地球にとってのラストチャンスがきた

カタカムナや古代マヤ暦の話からわかるように、今は次元上昇するために大変重要な時期です。現在、地球は十三原律の「足る」の十の段階にあり、次元上昇に向けてすべての準備が整っているはずのタイミングです。これから地球が次元上昇して、宇宙全体と天の川銀河とともにトリプルアセンションを起こさないといけません。宇宙と天の川銀河は、すでに次元上昇できる状態です。**ところが地球だけが、人間が殺し合ったり騙し合ったりしていて魂を汚しているために、十の数魂以上に行けずにずっと止まっています。**

地球のアセンションは過去六回失敗しているといわれます。第五周期の終わりはアトランティ

スとムーが大戦争を起こし、それにより大陸が地球の中に沈んでしまいました。第六周期は一九五六年まででしたが、その時も戦争ばかりが起きて失敗しています。この周期は約六〇〇〇～七〇〇〇年ごとに変わり、今は第七周期の始まりです。

第七周期は地球にとって総仕上げの時期で、ラストチャンスでもあり、ここで失敗すると地球は滅びる可能性があります。

それに警鐘を鳴らしているのが、国常立尊《くにのとこたちのみこと》の預言を神道家の岡本天明氏が自動書記で世に降ろしたとされる日月神示です。

日月神示によれば、次元上昇してミロクの世という理想の地球に行くためには、大洗濯をして不浄なものを排除しなければいけない。それを大峠《おおとうげ》といい、人間の三分の二は大峠で振り落とされて地獄のようなパラレルワールドに行く。残りの三分の一だけがミロクの世に行くと預言されています。

地獄とはイエス・キリストがゲヘナと称した、永遠に苦しみ続ける場所のこと。ゲヘナに向かう地球では、宇宙も天の川銀河もアセンションできないため、宇宙全体が終わるといわれます。

ですから今生きている人間の責任は大きいのです。

大峠を越えるためには、一人一人が十三原律の十の数魂の段階まで上がり、靈止《ひと》になることを目指さなければいけません。人間はまだ靈止になれず、獣との間だから「人間」というのです。もともと人間が神だったことを思い出し、地球上で神になることを目指す時がきています。

日本文化に隠された次元上昇の言霊

次元上昇に向けて地球人を導く重要な役割を担っているのが日本人です。だからこそ日本人の地命である天壌無窮の神勅、宝鏡奉斎の神勅、斎庭稲穂の神勅が降ろされたのです。

『古事記』も今の時期が次元上昇のタイミングだと伝えるために作られました。

ほとんどの物語部分は朝廷の権威を表すために加筆、改ざんされて付け加えられていますが、冒頭の神様の名前ばかりが羅列されるところはただの名前で意味がないと思わせ、改ざんさせないようにしてあります。

そのおかげで冒頭部分は長年の間絶対に一字一句違わないように言い伝えられ、そのまま日本最古の書物として記されたのです。実はこの部分に日本人にとって最も大切な、次元上昇のために神様と力を合わせるという約束の文言が隠されています。

この『古事記』の冒頭のように、神霊界とつながり、神様の力を降ろせるよう神様と約束・契

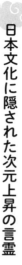

約した言霊を「幽契《ゆうけい》のある言霊」といいます。

「君が代」もそうです。「君が代」とは、この世界は「き」＝氣＝見えない世界と、「み」＝身＝見える世界でできていて、**これから次元が上がり見えない世界と見える世界が統合され、一体となる「よ」がくる、という預言。神から次元上昇のための力をいただけるものなのです。**

日本神話でいうと国を造ったいざなぎ（き）が氣の世界、いざなみが見える世界の象徴です。いざなぎといざなみが喧嘩したままというのは、見えない世界と見える世界がまだ分離しているということ。

今は見えない空気も電波も紫外線も存在することがわかっているのに、見えない世界を信じない人が多いのはそのせいです。

地球の次元上昇を妨害⁉　壊された日本の文化

宇宙にはトリプルアセンションが起きると都合の悪い存在たちがおり、地球上の勢力を操って次元上昇の邪魔をしようと企んでいます。

特に日本には次元上昇を誘発するような文化が多いため、徹底的に骨抜きにしようとしてきました。**その最たるものが戦後改革です。**アメリカにとっても日本は脅威だったため、刃向わずに自分たちの有利になるよう、隅々まで策を取ったのです。

漢字を簡易化し、本来の意味をなくすようにしたのもその一つでした。例えば「氣」が「気」になり米の字が消えていますね。斎庭稲穂の神勅にあるように、米が次元上昇させる食べ物だと知っていたからです。

同時に学校給食でパンと牛乳を取り入れさせ、米でなく小麦を使うように働きかけました。小麦はアメリカからの輸入に頼っていますので、アメリカにとっても儲かる仕組みです。

日本で食べる習慣のなかった牛肉も普及させ、牛を飼わせて餌になるトウモロコシも大量に輸入させようとしました。

グレゴリオ暦を使うようになったのも、天体の動きに合わせた暦を使うと潜在能力が目覚めてしまうからです。

神道も次元上昇を妨げるために改革させられました。神社の参拝方法が二礼二拍手一礼になったのもそうですし、「高天原《たかあまはら》」の読み方も「たかまのはら」に意図的に変えられています。産土様ではなく氏神様を土地の神様として拝むように促されたのもそれが原因です。

一般的に「志」ではなく「夢」を持とうと言われることが多くなったのも、戦後からです。

「世界中に別荘を持って愛人を一人ずつ住ませたい」という男性がいたら、それを夢とは言えるでしょうが、志とは言いませんよね。

夢は自分がどうしたいか。一方で志とは外の世界に対して自分はどう貢献していきたいか、何をしていきたいか。ベクトルがまったく逆なのです。このように日本文化の非常に細かい部分にまで、幅広く変更が加えられています。

みなさんはぜひカタカムナ数歌暦を使ったり、産土様にお参りしたりして、次元上昇を邪魔する囚われを外していってください。**見えない氣の力を借りることが自分の能力開花・開運や覚醒になるだけでなく、地球と宇宙のためにもなる**のです。

スメラギの道が開き、千載一遇のチャンスが到来!

次元上昇の最終目標は、創造主である神様の世界（宇宙神界）に到達することです。その神様の世界と私たちの次元をつなげる道をスメラギ（皇）の道といいます。

太陽は二万六〇〇〇年で周期運動をしているのですが、スメラギの道は、太陽の周期の半分の一万三〇〇〇年の間は閉じていて、もう半分の一万三〇〇〇年には開いています。このスメラギの道を閉じたり開いたりすることを天の岩戸が開く、閉じる、と言います。

今はこの岩戸が開き、スメラギの道が通っているために、次元上昇して宇宙神界へ向かうことが以前より簡単にできるようになっているのです。

一万三〇〇〇年前、カタカムナ文明が終わると同時に天の岩戸が閉じ、スメラギの道は閉ざされてしまいました。

スメラギの道が閉じている時は、さまざまな修行をしてもなかなか上に登れません。宇宙まではしごを一段一段一生懸命上がっていくようなもので、釈迦やイエス・キリストのような聖人でも半分ぐらいまでしか行けなかったといわれます。

しかし一九八九年（平成元年）から、天の岩戸が開き始めました。「君が代」の「巌《いわお》となりて」は「岩戸成る」で天の岩戸が開くこと。平成の「平」の漢字は分解すると一と八と十ですよね。つまり平成とは「一八十《いはと》（岩戸）成る」の暗号だったのです。岩戸は完全に開ききるまで四〇〇年かかりますが、一九八九年から四〇年弱経って人の意識もだいぶ変わってきています。

なお令和は令＝〇（れい）＝霊（霊魂）、見えないものの象徴で、それと和し、見えないものに立ち戻るという意味です。

さらに二〇二四年の一一月には二四〇年ぶりに冥王星がみずがめ座に入り、今後四三年間滞在し続けます。この期間は世の中が変化しやすく、過去には産業革命、アメリカ独立戦争、フランス革命がありました。今回はＡＩ革命、情報革命が起きて、**見えないものがよりいっそう価値を**

持つようになると予想されます。

スメラギの道が開いたことにより、地球外生命体が地球を訪れることも容易になっています。宇宙と天の川銀河と地球のトリプルアセンションは宇宙全体にとってもビッグイベントのため、それを見ようと地球にやってきている宇宙人も多いようです。

幸せと直結している⁉　先祖供養の真のやり方

次元を上げ、神様とつながるために私たちがまず目指すのは、精一杯悔いのない生き方をすること。天命・地命・我命に沿う好きなこと、やりたいことを見つけて、今を一生懸命生きてください。今世で完璧にできなくても、プロセスに価値があります。

今世でしたことは来世に引き継がれます。できるだけ良いことが残せるようにしましょう。自分と同じように他人も大切にし、悪い行いは避けましょう。悪い行いは根《ね》のカルマとなり、次元上昇への道を後戻りさせます。

先祖のした悪い行いも、根のカルマになります。先祖と私たちはつながっていて、たとえば時代の先頭にいる私たちが蛇の頭で、しっぽがご先祖様のようなもの。**ご先祖様の根のカルマを**

自分たちも引き継いでいるのです。

あなたがもしなんだか幸せじゃない、と思っているとすれば、この根のカルマが原因かもしれません。根のカルマがあると、あなただけでなく、子ども、孫、ひ孫といった子孫までもが根のカルマからくる不幸に苦しむことになります。

根のカルマを解消するために、禊《みそぎ》で穢《けが》れを祓《はら》いましょう。次章に紹介する禊を行ってみてください。

良い行いをしていくこともカルマの解消になります。**なんといっても大事なのはやはり日々喜び、楽しみながら生きることです。**ＤＮＡが喜び、根のカルマが消えていきます。

反対に毎日つまらないと思いながら生きたり、嫌なことばかりやったりしていると、さらに根のカルマを大きくすることになりかねません。

禊や善行などで先祖から引き継いだ根のカルマを解消していくと、悪事をした先祖が神上がり（死後、神になること）してトオツミオヤノカミという神様になられます。

神になれないで苦しんでいる先祖を神上がりさせることが本当の意味での先祖供養であり、あなたにとっても、人生を光り輝くものにする大事な行為です。先祖供養は仕組みさえ知れば難しいことではなく、誰でもできるのです。

第 二 章

どんどん人生が好転していく「開運」行動

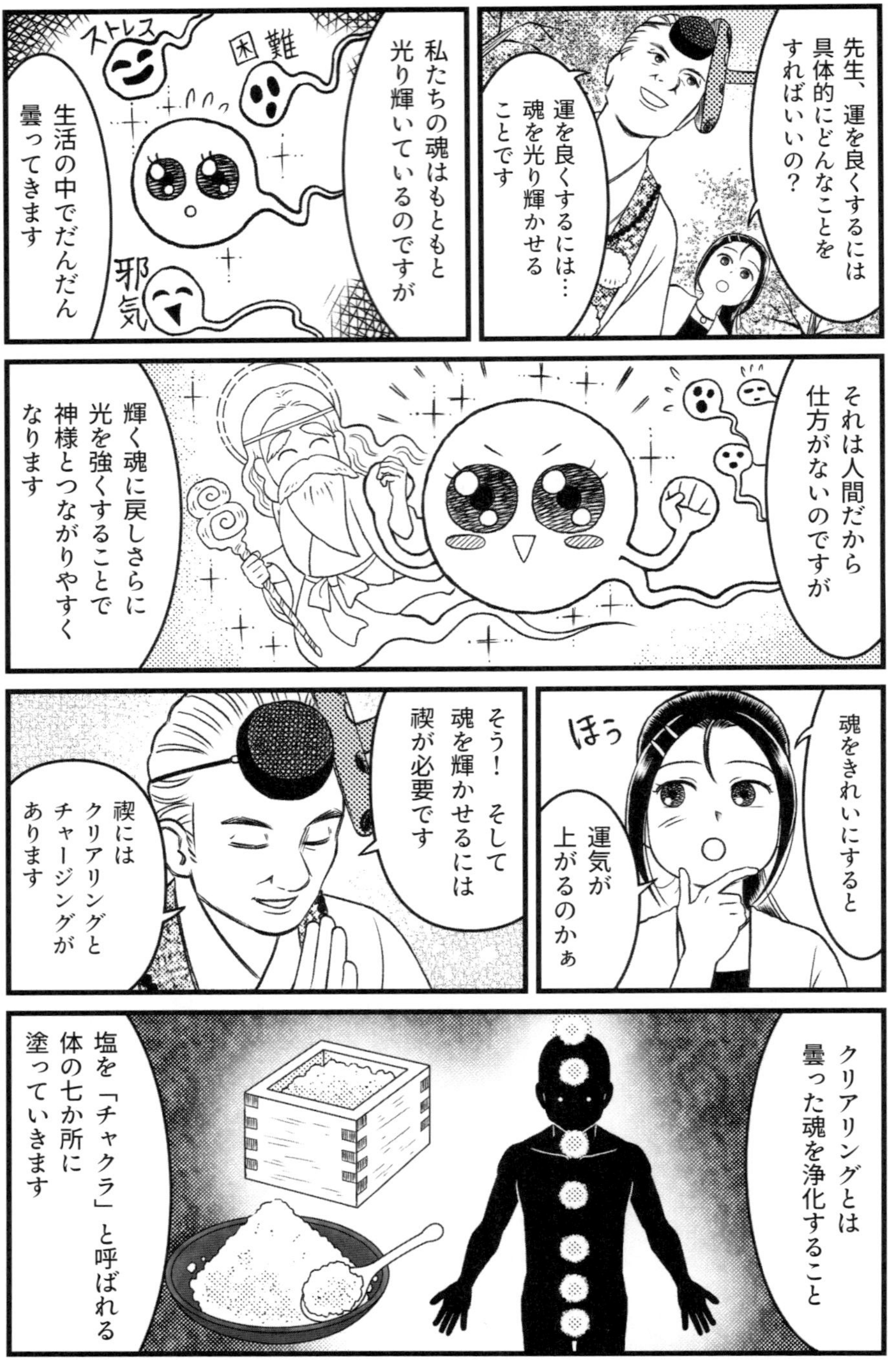
先生、運を良くするには具体的にどんなことをすればいいの？
運を良くするには…魂を光り輝かせることです
私たちの魂はもともと光り輝いているのですが
ストレス
困難
邪気
生活の中でだんだん曇ってきます
それは人間だから仕方がないのですが
輝く魂に戻しさらに光を強くすることで神様とつながりやすくなります
魂をきれいにすると
ほぅ
運気が上がるのかぁ
そう！ そして魂を輝かせるには禊が必要です
禊にはクリアリングとチャージングがあります
クリアリングとは曇った魂を浄化すること
塩を「チャクラ」と呼ばれる体の七か所に塗っていきます

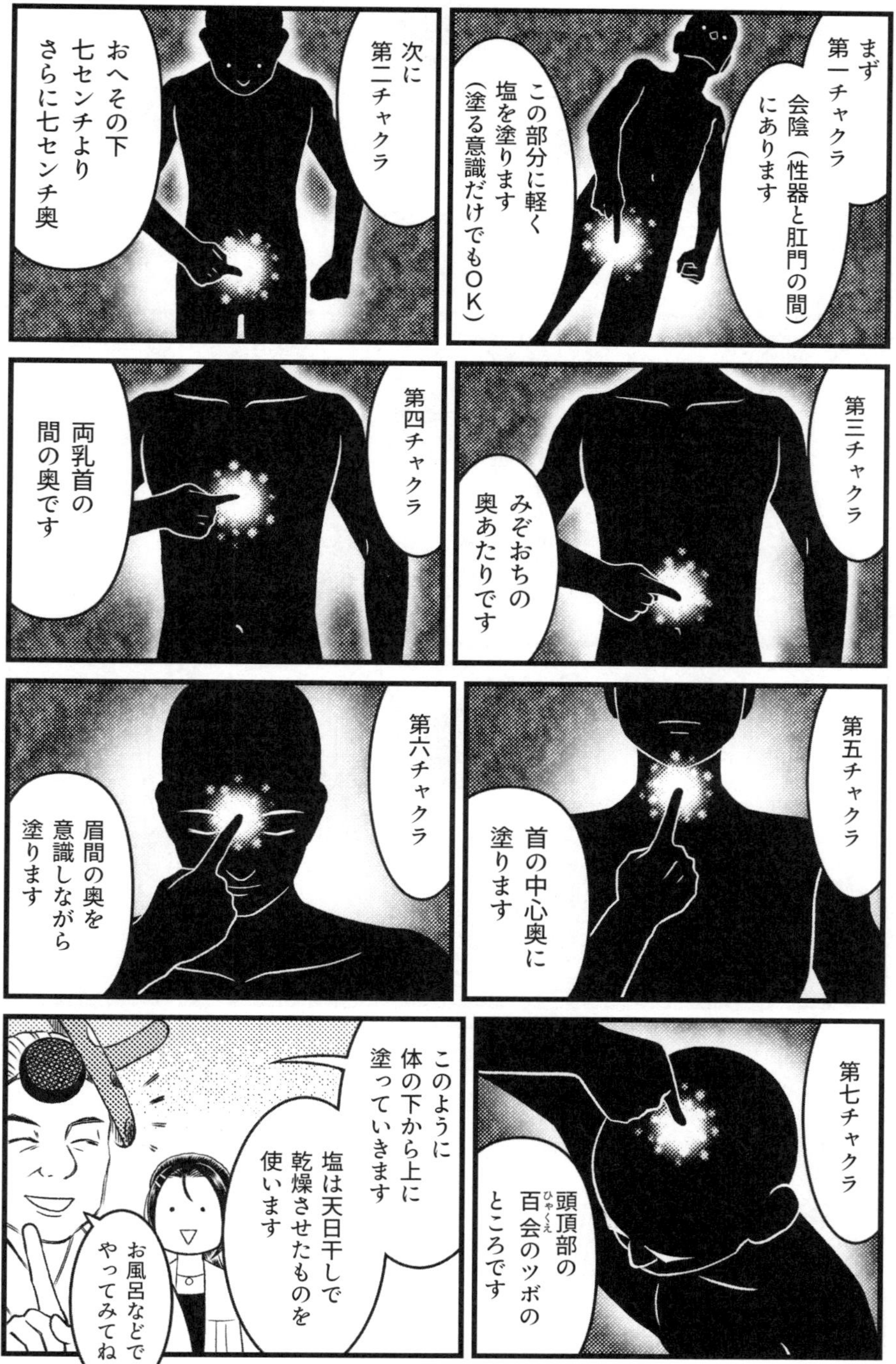
まず第一チャクラ
会陰（性器と肛門の間）にあります
この部分に軽く塩を塗ります（塗る意識だけでもＯＫ）
次に第二チャクラ
おへその下七センチよりさらに七センチ奥
第三チャクラ
みぞおちの奥あたりです
第四チャクラ
両乳首の間の奥です
第五チャクラ
首の中心奥に塗ります
第六チャクラ
眉間の奥を意識しながら塗ります
第七チャクラ
頭頂部の百会《ひゃくえ》のツボのところです
このように体の下から上に塗っていきます
塩は天日干しで乾燥させたものを使います
お風呂などでやってみてね

クリアリングで
魂を浄化できたら…
次はチャージングをします
スッキリ〜
了解です！
自然に触れることがチャージングになります
土に触れたり川のせせらぎを聞いたり…
産土様に大きな木があったら抱きついたりしてみましょう
こ、こうかな？
ひしっ
食事では〝五色〟を食べることを意識してみてください
玄米の黄色
黒ゴマの黒
青菜の青
塩の白
味噌の赤
栄養バランスが取れエネルギーも取り入れられます
おなかすいてきた…
ぐー
また白湯を飲んだりアロマの香りを嗅いだりすることもチャージングに効果的です
コポポ…
さらにクリアリングとチャージングが同時にできる究極の禊…それが
サウナです
サウナ!?

①心拍数を確認しながらサウナに入る
ランニングの時くらい息が荒くなったら部屋を出ます
心臓の動きが早まると血液の循環が良くなり脳にも行き渡ります
※目安は10分前後
途中で辛くなったら無理せずストップしてください
②水風呂に入る
なるべく頭まで浸して脳幹を冷やします
最初冷たくても三〇秒ほどで慣れます
※目安は2分くらい
ふー…
体がガタガタ震えるくらい冷えるのは危険なのでそうなったらすぐ出てください
③外気浴をする
お風呂場の椅子に座るなどして外気浴をします
ひと休み～
寒かったら湯舟に浸かってあたたまりましょう
はー極楽♫
①～③を三回繰り返す
三回も!?
効果バツグンですよ♪
④水分補給
汗で水分が奪われているので必ず水分補給をしてください
ごくごく
その日の体調で具合の悪い時は無理せず
あくまで自分の判断でできる範囲で行いましょう
わかりました!

では禊をして体を清めたら産土様の力を借りましょう
いよいよですね…
産土様は自分が住む地域を守る神様です
今から参拝時の作法を紹介していきますね
まず鳥居をくぐる前に一五度の礼
15°
そして自分の名前と住所数え年の年齢を唱えます
運河梨子
〇〇市XX1丁目
△△番地
※※歳……
次に自分の使命を唱えてから九〇度の礼をし鳥居をくぐります
90°
本殿までは参道の端を通ります
カラン…
それから本殿の前に立ち鈴をそっと鳴らします
次に二礼二拍手一礼…ではなく三礼三拍手一礼します
3回(+1)
こちらも90°
パン☆
パン☆
パン☆
最初に三礼三拍手です
これが神様とつながるための挨拶です

その後で背筋を伸ばし
前に一歩進みます
ここで本殿の奥に鎮座する鏡に自分が映り「かがみ」から自分という〝我〟を抜くことができます
「かみ」(神)になった状態で手を合わせ目をつぶりながらお参りしましょう
まず自分の使命と「いつまでにこれをやりたいと思っています」と目標を伝えます
そして「目標達成のために私が行動しますしかし行動だけでは足りないことがあります」
Yes or No?
「私の力の及ばないすべてのことを、お導きいただけますでしょうか?」とYESかNOで答えていただける質問形式でお願いをします
お願いしたら目をつぶったまま手を鳴らさないで一拍手体が前に行ったら産土様からのYESです
そ…
九〇度の礼をして下がります
そこへ産土様が空から光を降ろしてくれます
そお〜れ♡
その光を感じてから歩き出しましょう
この方法で参拝すると神様はがんばるあなたのために必要なものを降ろしてくれます
ファイト!!
お金
わぁ
ヒント
ご縁
なお一つの願いにつき二一日間連続で行いましょう
1日休んだら最初からやり直し!
二一日間…
が…がんばる!!

開運に欠かせない「禊」とは？

なぜ魂を磨くと良いことが起こるのか？

ここからは開運のために実際にできる行動を紹介します。全部できなくてもかまいませんので、一度実践してみて、自分に合うと思ったものを続けてみましょう。

運を強くし幸せになるためには、使命に従い、魂を光り輝かせる＝光魂《こうこん》を目指すことです。

神道では、魂はすべて神様の分け御魂《みたま》であるといいます。それは魂が神様の命の一部であるということ。神様の一部ですから魂は完璧で、もともと輝いており一点の汚れもありません。良いも悪いも含めてすべてが善です。**神道とは超・超・超・性善説なのです。**

もとは輝く魂ですが、嫌なことや悲しいことが心を曇らせると、光を遮《さえぎ》ってしまいます。その曇りを落として輝く魂に戻り、さらに光を強く大きく育てることで、神様とのつながりが深まり、道が開けていきます。

光魂のためにできるのがこれから紹介する禊です。禊には二種類あり、**一つがクリアリングといって、光を遮っていた汚れを削《そ》ぎ落とす浄化の禊＝身削《みそ》ぎ。もう一つをチャージングといい、魂にエネルギーを注ぎ、もとの光を大きくしていく禊＝霊注《みそ》ぎ**のことです。

禊になる神我の言霊

唱えるとクリアリングとチャージングになる神我《しんが》の言霊があります。

一　すべてを許します（もしくは、許しを意図します）
二　浄《きよ》まり、輝きます
三　ありがとうございます
四　今を楽しみます
五　自分の内なる神を顕《あらわ》します

この言霊をなるべく毎日唱えましょう。時間はいつでもかまいません。自分の心が静まり、浄化されて、魂が光り輝いていきます。

神我の言霊は五つあることが大事で、五の数魂で自分が中心となり主体になります。文言もすべて自分からのベクトルで、他者依存せずに主体的に生きられるようになるのです。

すべてを許すというのは難しいことですが、もしできたらそれが究極の主体性になります。私たちは、誰かが自分の許容範囲を超えたことをした場合、許すには相手が変わるしかないとつい思ってしまいますよね。しかしそれは相手によって自分のあり方を決めることであり、他者に依存していることになります。

本当は、自分の感情の責任者は相手ではありません。相手が何をするかはその人が決めることですが、どう思うかは自分が決められます。自分が主体的に捉え方、解釈を変え、すべてを許すことにしたら、それが本当の主体なのです。

自分が主体になることで、起こる現象も変わります。もし上司が自分にばかり嫌がらせをしていたとしても、すべてを許すことができたら、自然と嫌がらせはなくなっていくのです。

納得していなければ無理に許さなくていい

といってもセクハラやパワハラ、いじめなどに遭った時に、すべてを許すということは難しいかもしれません。**もし「すべてを許します」と思えないなら、無理に言わないようにしてください。**

思ってもいない言葉を口にする時、脳は完全に嘘だとわかっています。それが当たり前になると、脳は「この人は正しいことを言わない人間なんだな」と認識します。すると口にしたことがどんどん実現しなくなってしまうのです。**脳を騙すのはほぼ無理だと心得てください。**

もし今は絶対許せなくても、許せるようになろうと思うことはできますよね。いつか相手を許したいと思えるのなら、**「許しを意図します（許したいと思っています）」**と言うといいでしょう。許しを意図しているのは本当ですから、それが実現していきます。

相手を恨んだり憎んだりして許さない状態にいても、自分のプラスになることは絶対にありません。あるいは相手に力と力でぶつかろうとしたら、勝っても負けても問題が残ります。それよりも許しを意図するほうが、確実に問題が解決していきます。

「ありがとうございます」という言葉も、まったくありがたいと思っていないのに言っては本末転倒。必要なものを本当は全部持っているということに気づくから、「ありがたい」と言えるのです。

口で言うだけでなく、天と地と人に感謝して満ち足りた気持ちになることが肝要です。

行動で潜在意識を変える

その点を考えると、「夢が実現した時を具体的にイメージして、そうなりきったように言うと、現実化する」という願望達成術には注意が必要です。

これは表層意識で潜在意識を変えることで、現実を変えようとする方法。**しかし表層意識は五%、潜在意識は九五%で、力の差は三対二万だという説もあります。**

それほど差があるのに、潜在意識を変えようとしても勝ち目はありません。

例えば本音（潜在意識）では自分を貧乏だと思っているのに、「私は金持ちだ」と言えば言うほど、**脳は「あなたは嘘をついているよ」とわからせようとして、本音のほうを実現させます。ですから言えば言うほどマイナス効果になり、逆に貧乏になっていくのです。**

本当に実現したいなら、潜在意識を変えていくしかありません。

もしダイエットしたいのにできないとしたら、本当は食べてストレスを発散するほうが痩せることより自分にとっては大事だったり、痩せて変化するのが怖いなど、潜在意識に何らかの理由があったりするからです。その意識が変わらないと、何度痩せてもリバウンドしてもと通りになりかねません。

潜在意識を変えるにはまず、願望を叶えたらどういう気持ちになるのか考えてみましょう。痩せて好きな服が着られることにワクワクするなど、心動かされることがあるでしょうか。

もし心動かされるなら、それを叶えるために自分がする行動を決め、必ず実行してください。二膳だった毎食のご飯を一膳までにする、一日二〇分歩くなど、具体的な数値のあるほうがやりやすいでしょう。

実行したら、その行動を裏付けにして、**「今は叶えている途上である」**と思ってください。ご飯を減らして「私は痩せる途中である」と言えば、潜在意識は、嘘ではない、本当に痩せる方向に行っているんだと信じることができます。そうすると実際に痩せてくるのです。

ネガティブはクリアリングしてチャージングする

愚痴や悪口といったネガティブワードは、その言葉が潜在意識に浸透していくので、言っていると決してプラスにはなりません。

といっても、間違ってはいけないのが、**ネガティブが悪いわけではない**ということです。ワンネスから対比する二極ができたこの世界では、陰陽があり、プラスとマイナス、ネガティブとポジティブがあるのは当然のこと。

ネガティブを否定しポジティブだけになろうとする生き方は、ブランコを前にだけ漕ごうとするようなものです。前に行くには後ろに振らないといけません。

ただずっとネガティブにとどまって動かないのは避けたいもの。**ネガティブに行ったらすぐにリセットして、ポジティブに陽転しましょう。その繰り返しが生きていく上で大事です。**

ネガティブから抜け出せないなら、禊でマイナスをクリアリングした後、プラスにチャージングしましょう。

新月と満月に合わせて行動する

満月から新月までの日はクリアリング、新月から満月までの日はチャージングに最適の時です。

満月から新月までの日はエネルギーを使うだけ使えて、新月の日は全部使い果たしてゼロになる時。そこから満月の日まではエネルギーがいくらでも入れられて、満月が満タンになる日ともいえます。**新月の日から新しいことを始める下準備をして、満月の日から完全行動モードに切り替えるとうまくいきます。**

人間には生存のための恒常性維持機能が備わっていて、今命の危険を感じなければ変化を避けようとします。

習慣を変えるのが難しいからこそ、新月と満月の力を借りるといいのです。**急に大きく変えるのは難しいと思うなら、小さな習慣から少しずつ変えましょう。**小さな積み重ねが大きな変化につながります。

ただし天命・地命・我命に向かっていないと、行動パターンを合わせても開運できません。新月の日には自分が使命に向かっているか見直し、満月の日からその方向にエネルギー全開で向かいましょう。

具体的な行動サイクルとして、新月の日にま

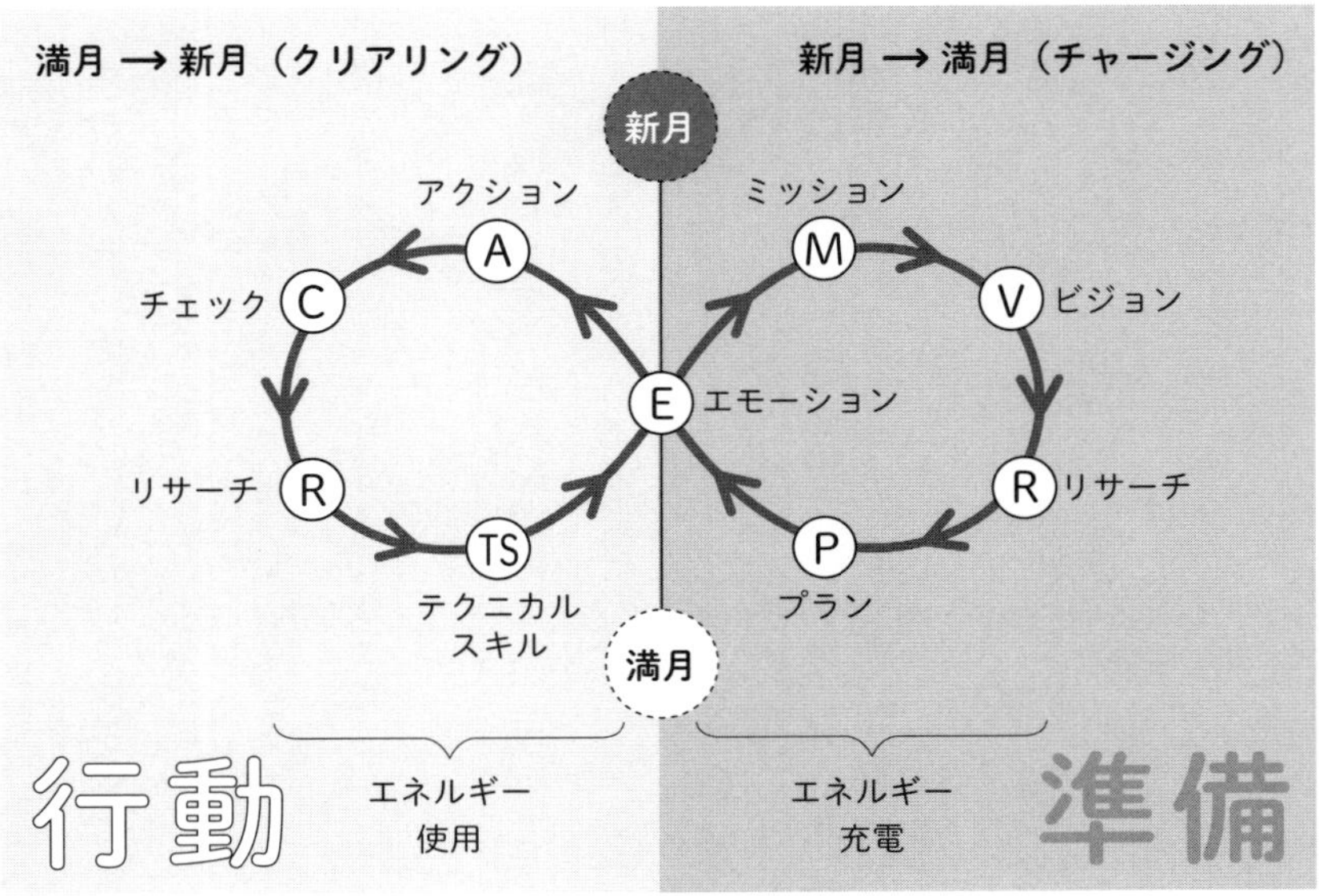

ず自分が何をしたいかというエモーション（感情）を確認。満月の日までミッションを確かめ、いつまでにどうなるかのビジョンを持って、達成するためのリサーチをして行動プランを立てます。

満月の日でまたエモーションに立ち返り、新月の日まではアクションを取って結果をチェック。結果を見て改善すべきことがあればリサーチして、必要なテクニカルスキルを得てください。

そして新月の日にはまたエモーションに立ち返り、繰り返します。これを実行して、長年できなかったこと、何度やっても失敗したことをやり遂げられる人も少なくありません。

満月と新月の日にはぜひエモーションに立ち返ってみてください。

根本に心動かすものがないと行動は続きません。誰かに言われたからやっているだけのことは、途中で挫折します。

やりたいことがいくつかあれば並行してもかまいません。うまくいかなくても、新月と満月は一五日に一回は巡ってきますから、そこで再スタートすればいいのです。

浄化を促す禊 クリアリング

塩で体を浄化する

クリアリングは、魂についた余計なものを削ぎ取ってきれいにする禊です。クリアリングの方法として、体を浄化したり、身の周りをきれいにしたりすると効果があります。散らかっているものを片付けたり、不要なものを捨てたり、汚れたものを掃除したりするといいでしょう。特に新月の日はクリアリングに最適です。

また天日干しの自然塩を七つのチャクラに塗り、冷水で流しましょう。お風呂の時などに塩を手に取り、体の前面にチャクラを意識しながら軽く塗っていき、すぐ流します。できるだけ毎日やってみてください。

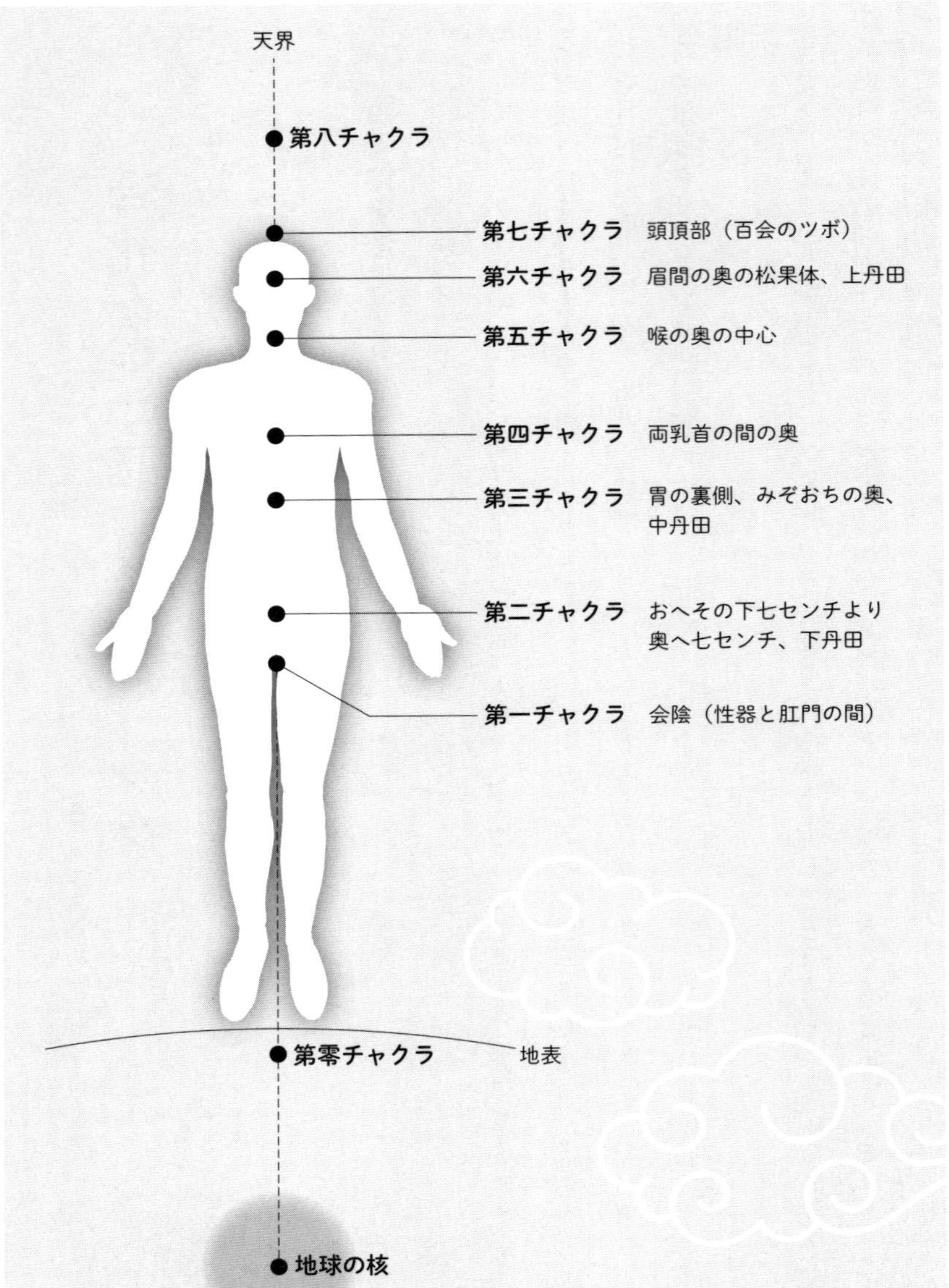
天界
第八チャクラ
第七チャクラ　頭頂部（百会のツボ）
第六チャクラ　眉間の奥の松果体、上丹田
第五チャクラ　喉の奥の中心
第四チャクラ　両乳首の間の奥
第三チャクラ　胃の裏側、みぞおちの奥、中丹田
第二チャクラ　おへその下七センチより奥へ七センチ、下丹田
第一チャクラ　会陰（性器と肛門の間）
第零チャクラ
地表
地球の核

第七チャクラ　頭頂部の百会《ひゃくえ》のツボのところ
第六チャクラ　眉間の奥の松果体、上丹田。塩は脳内のチャクラを意識しながら眉間に塗る
第五チャクラ　スロートチャクラ＝喉の奥の中心。チャクラを意識して喉仏に塗る
第四チャクラ　ハートチャクラ＝両乳首の間の奥
第三チャクラ　太陽神経叢の奥で胃の裏側、みぞおちの奥、中丹田
第二チャクラ　下丹田。おへその下七センチより奥へ七センチ
第一チャクラ　会陰《えいん》（性器と肛門の間）

各チャクラには、プラーナ管というエネルギーの管が通っています。プラーナ管は足が地表と接するところにある第零チャクラを通って、地球の核までつながっています。一方体の上は、頭の四〇センチ上にある第八チャクラを通り、神様のいらっしゃる宇宙神界（天界）までつながります。塩で体の七つのチャクラを浄化することにより、その両方とのつながりが深まるのです。

塩を塗る順番は下から上へ、第一チャクラから第七チャクラに向かうといいでしょう。会陰から体の上までは、一番大きな経絡《けいらく》が二つ流れています。**体の前を通って流れるのが任脈《にんみゃく》で、決断力や判断力を司ります。また体の後ろにも会陰から背面を流れる督脈《とくみゃく》という経絡があり、こ**

ちらが司るのは管理力やマネジメント力。下から上になぞることで、この二つの経絡を通る氣の流れが良くなります。

塩は自然のもので、火入れして水分を飛ばしたものではなく、天日干ししたものを使ってください。

化学精製された塩は避けましょう。天日干しの自然塩は天然のミネラルがたくさん摂れ、体のデトックスにも役立つので、食用もお薦めします。ミネラルが充分摂れると体が満足し、食べすぎを防ぐ効果もあります。

筋肉を使ってネガティブを祓う

任脈と督脈を通る氣の流れは、ネガティブな人の影響を受けたり、マイナス言葉を浴びてダメージを受けたりすると途切れてしまいます。任脈がダウンすると決断力が鈍り、督脈がダウンしたらやる気が出なくなったりするので、うまくいかないことが増えてきます。

ダメージを受けたら筋肉を動かしましょう。任脈は肩甲骨のあたりにある棘上筋《きょくじょうきん》と連動しています。前倣えするように手を上げてから、腕を体の前で交差させる動きを繰り返してみてください。

一方、督脈は大円筋《だいえんきん》というわきの下の大きい筋肉と連動しています。

腰に手をあてながら、鳥の羽のようにパタパタと肘を動かしましょう。

この二つの筋肉を動かすだけでかなり経絡の流れが戻ります。

任脈、督脈は体にある三六〇の経穴《けいけつ》（ツボ）を結び、五臓六腑にも連動する大事な経絡。その経絡に連動する筋肉を動かすことで、経穴にも氣が行き渡り、五臓六腑の働きも良くなるといわれます。

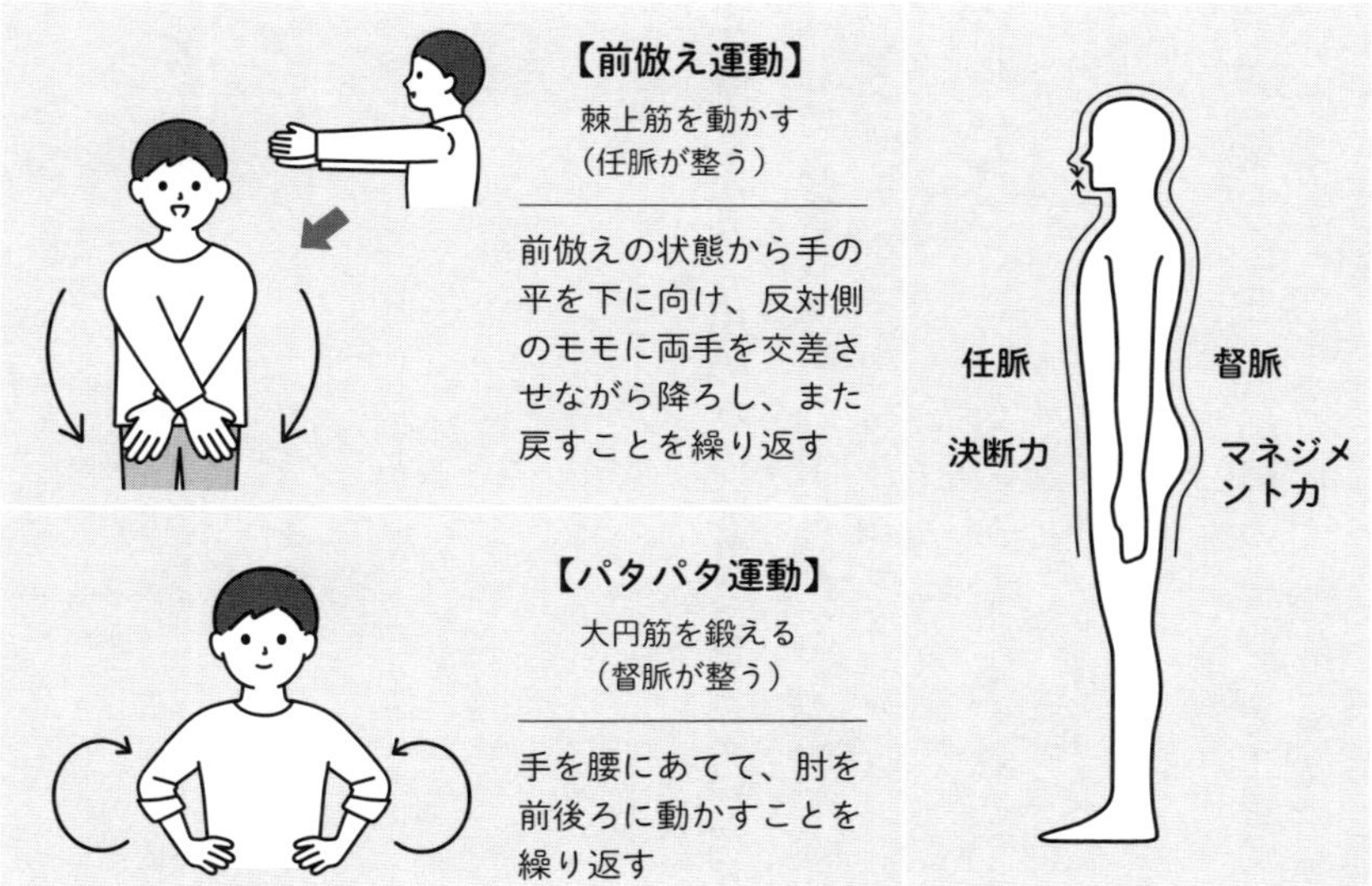
【前倣え運動】
棘上筋を動かす
（任脈が整う）
前倣えの状態から手の平を下に向け、反対側のモモに両手を交差させながら降ろし、また戻すことを繰り返す
【パタパタ運動】
大円筋を鍛える
（督脈が整う）
手を腰にあてて、肘を前後ろに動かすことを繰り返す
任脈
決断力
督脈
マネジメント力

オーラを大きくする禊　チャージング

自然に触れよう

自然に触れることがチャージングになります。**土に触れたり、川の水の流れる音を聞いたり、神社、特に産土様に大きな木があったら抱きついたりしてみましょう**（禁止されている場所は除く）。

自然に触れる大きな利点は、天・地・人の恵みを感じられること。太陽があり宇宙があり、水も空気もあり、食べ物も電気も、自分で全部作ったわけではない、生きるために必要なすべてのものが与えられている。

それは有るのが難しい奇跡＝ありがたいことだと感謝できるほど、自然界のエネルギーを受け取ることができるのです。

不平不満ばかり持ってしまう人は受け取る土台ができていないので、チャージングしても効果は期待できません。まずクリアリングで不平不満を浄化しましょう。

食べ物は五色を意識する

食事では、**玄米の黄色、塩の白、黒ゴマの黒、味噌の赤、青菜の青**といった五色を食べることを意識してみてください。栄養のバランスが取れ、エネルギーが取り入れられます。

特に玄米は斎庭稲穂《ゆにわいなほ》の神勅《しんちょく》が宿る魔法の食べ物。玄米を食べることは日本人がすべきことだといえます。完全栄養食であり、さまざまな民間療法で症状に改善のあったことが報告されています。

玄米を研ぐ時は、天・地・人の恵みに感謝して、拝みながら洗うといいでしょう。洗ったら水に四八〜七二時間浸けて（夏場はこまめに水を交換。暑い日は、冷蔵庫に入れましょう）発芽させ、できれば小豆を一合当たり大さじ一くらいと塩一つまみを入れて、多めの水で炊くと柔らかくおいしくなります。これをよくかんで食べると満足して食欲も抑えられます。

他に、**朝起きたら白湯を飲むと自律神経が整い、体が強くなる**といわれます。熱くて不快になるのは体を守る反応なので、大体五〇度以下の熱すぎると感じない温度で飲みましょう。

気をつけたいのは、何かを悪者にして排除するような食べ方。ネガティブな思考を脳に浸透させてしまい健康を害する人もいるので、おすすめできません。

アロマで嗅覚を刺激

自然のアロマオイルやお香、アロマキャンドルなどで嗅覚を呼び覚ますこともチャージングに効果的です。香りを嗅ぐ時は目をつぶるなどしてなるべく他の感覚を遮断し、嗅覚に集中しましょう。

五感は生物が生存するために発達させていきました。最初に発達した触覚、味覚、嗅覚は特に感度が鋭く、残りの聴覚と視覚はとてもあいまいです。

試しに人と向かい合って相手の手の平に自分の手の平を乗せて目をつぶり、相手の手が動くほうに自分の手を動かしてみてください。相手の手が次にどこに動くかが感覚でわかり、ついていけるはずです。

反対に目を開けると視覚に頼って目で後追いしてしまい、ついていけなくなります。

触覚、味覚、嗅覚という原始の感覚を研ぎ澄ますことで、見えない氣の世界に敏感になり、エ

ネルギーが取り入れやすくなります。自然に触れることが主に触覚を、玄米が味覚を、香りが嗅覚を呼び覚ましてくれるのです。

紫の炎のマントラを唱える

チャージングに効果的な言霊は紫の炎（バイオレットフレーム）のマントラです。

私は紫の炎　働きを今になし
私は紫の炎　和《やわ》らぎの光ひとり照りわたり
私は紫の炎　偉大なる宇宙の力
私は神の光　常に輝き
私は紫の炎　太陽のごとく燃え盛り
私は聖なる神の力　自由をすべての者へと

このマントラを一生に一度でいいので、**お気に入りの場所で一五分繰り返して唱えてください。**その後も何度も唱えてかまいません。エネルギーがチャージされてオーラが強くなります。

紫という色は第七光線といい、第七チャクラの色。今の時代のエネルギーはこの色で、変容を表します。

第七チャクラにあたる百会のツボを刺激するのもいいでしょう。

炎をイメージする

紫の炎にはピンク、黄色、水色の三つの光線が混じっていて、これをスリーフォールドフレーム（Three fold flame）といいます。

バイオレットフレームやスリーフォールドフレームは誰もが高次元から与えられている、この世を照らすための光。その光をイメージするとチャージングに多大な効果があります。少しの時間でいいので、集中できる場所でやってみてください。

どんな人にも胸の内に三つの炎はありますが、その大きさは米粒くらいのサイズであることが多いです。その三つの炎を大きくしていくことがあなたの魂の成長につながります。自分の体がすっぽり入るサイズを目指しましょう。

それぞれの炎を表している日本神話の女神様をイメージすることも効果があります。バイオレットフレームは瀬織津姫《せおりつひめ》。スリーフォールドフレイムは左の宗像三女神《むなかたさんにょしん》です。

田心姫《たごりひめ》神＝ブルー＝地圏、お湯やマントルのように煮えたぎるイメージ

湍津姫《たきつひめ》神＝イエロー＝水圏、叡智、水、水蒸気、高次元から降り注ぐ滝のイメージ

市杵島姫《いちきしまひめ》神＝ピンク＝生命圏・大気圏、愛を司る愛の神様のイメージ

究極の禊!? 効果が高すぎる サ活

浄化とチャージが同時に行える「サウナ」のすすめ

クリアリングとチャージングができる究極の禊がサウナです。**サウナで汗をかき、老廃物がたくさん体外に出て体が掃除されると、魂に着いた汚れも落とすことができます。**

また体温が上がると、ヒートショックプロテインが出て、小脳や脳幹といった生存本能を司る脳が刺激を受けます。すると生きるための免疫力が上がり、脳が活性化して頭も冴えてくるのです。その結果、氣の領域にある情報も敏感に察知できるようになります。

（1）心拍数を確認しながらサウナに入る

入室前六〇ぐらいの心拍数が大体一二〇～一四〇ぐらいになり、ランニングの時くらい息が荒

くなったら、そこで部屋を出ましょう。心臓の動きが早まると血液循環が促進され、脳にも血液が行き渡ります。ただし心拍数が上がりすぎるのは危険なので、**一四〇まで上がった時や、息が上がって辛くなったり具合が悪くなったりした時は我慢せず速やかに退出してください。**

入室時間はあくまで**目安としては一〇分前後**ですが、室内の設定温度によっても変わります。椅子の上と下とで温度差があるので、あぐらをかくなどなるべく足を上げた姿勢で入りましょう。

（2）水風呂に入り、なるべく後頭部（首のつけ根）まで浸して脳幹を冷やす

心拍数が六〇ぐらいに戻ったら水風呂から出ましょう。最初は冷たいと感じますが三〇秒ほどで慣れます。体がガタガタ震えるくらいになるのは危険なので震えたら出てください。目安は二分ぐらいです。

（3）**お風呂場の椅子に座るなどして外気浴をします。**寒すぎると感じたり心拍数が下がりすぎたりした時は、温かい湯船に浸かって体をあたためましょう。

（1）～（3）を三回繰り返します。

（4）汗で体内の水分が奪われています。脱衣所に出てからでいいので、必ず水分補給をしてください。

時間などは目安として考えてください。その日の体調によっても変わるので、**具合が悪い時などは決して無理をせず、あくまで自分の判断で、できる範囲で行いましょう。**

ミストサウナでは熱さを感じやすいので、高温で乾燥している普通のサウナを推奨します。魂の汚れはすぐにつくので、なるべく頻繁に、繰り返しサウナで禊をするほど効果的です。部屋のホコリは毎日溜まり、年一回の掃除では不十分ですよね。掃除すればするほどきれいになります。

人間も同じと思ってください。

願いを叶えてくれる「産土様」に会う方法

命を司る産土様の力を借りるには？

禊をして自分を清めたら産土様につながりましょう。**産土様の力を借りて使命に向かっていくと、運の流れが良くなり、願いが叶いやすくなります。**

産土様は司命神《しめいしん》といい、命を司る神様です。司命神には大司命神、中司命神、小司命神がおり、トップの大司命神はイワナガヒメ。

イワナガヒメは氣の領域の神様で、岩のように長く続く命の象徴です。神話では醜い神様となっていますが、本当は半霊半物質のため見にくい＝見えにくいのです。中司命神が宗像三女神、その下に産土様がいます。

産土様はそれぞれが管轄する地域に住む者の命を守る神様で、先祖を祖先神に神上がりさせる役割もあります。学校であれば担任の先生のような神様で、担当の地域に住む人との契約があります。毎日学校に行くように、できるだけ毎日産土様のいらっしゃる神社に通ってつながるといいでしょう。

住む場所が変われば、担当の産土様も変わります。

どの神社に自分の産土様がいらっしゃるかは、**今住んでいる地域の神主さんや、神社本庁に聞いて確かめるといい**でしょう。ただし産土様を氏神様だと勘違いされることが多いので、その場合は氏神様の場所を教えてもらってください。

地域の氏神様のいる場所に産土様もいらっしゃいます。また家の前を神輿《みこし》が通るなら、その神輿が出てくる神社に産土様がいます。

氏神様は本来、文字通り氏の神様で、どこに住んでいても同じ血を引く家系の神様は変わりません。また産土様のほうが力が強く、私たちに直接関わりがあります。

志賀美春流・神社参拝の作法

参拝時にするといい作法があります。まず鳥居をくぐる前に、場所に対する感謝を持って**一揖《ゆう》**

（上半身を一五度曲げる礼）してください。その時に**自分の名前と住所、数え年の年齢を唱えます。**数え年は一月一日から誕生日前までは実年齢＋二、誕生日からは実年齢＋一になります。

次に**自分の使命を唱えながら天に対して一拝（九〇度曲げる礼）**し、鳥居をくぐって結界の中に入ってください。**本殿までは参道の端を通りましょう。**両脇にある灯籠なども結界を作っているので、通るたびに一揖してもいいでしょう。

本殿の前に立ったら、音が鳴るか鳴らないか程度に鈴を静かに鳴らします。ガラガラと鳴らすのは神様にとって家のチャイムをうるさく鳴らすようなものなので、控えましょう。

次に二礼二拍手一礼ではなく、**三礼三拍手一礼します。この礼はすべて九〇度曲げる一拝です。**最初に三礼三拍手しましょう。これが神様につながるための挨拶になります。

その後で背筋を伸ばし、前に向かって一歩進んでください。ここで本殿の奥に鎮座する鏡に自分が映り、自分という我《が》を抜くことができます。「か**が**み」の「が」を抜くことで、「かみ（神）」に戻れるのです。

その神になった状態で、手を合わせ、目をつぶりながらお参りしましょう。まず自分の使命を口にしてから**「いつまでにこれだけのことをやりたいと思っています」と目標を伝えます。**そして「目標達成のために私が行動します。最後まできちんと丁寧に誠実にやり遂げますが、行動だけでは足りないことがあります。目標達成に向けて私の力の及ばないすべてのことをお導きいただけますでしょうか？」というように、質問形でお願いしましょう。

お願いしたら、**目をつぶったまま手を鳴らさないで一拍手し、身体が前に行くのを待ちます。**

前に行けば神様からイエスをいただけた、ということで一拝（九〇度の礼）をして、産土様の光を感じるところまで下がります。

体が前に行かない、または後ろに行った場合、神様からはノーとお答えいただいた、ということでその日は諦めてください。

二〇メートルほど下がると、そこへ産土様が本殿の数十メートル上空から光を降ろしてくれます。その光を感じてから歩き出しましょう。あなたはもう神に戻っているので、帰りは神様が通る参道の真ん中を通ってもかまいません。

この方法で参拝すると、神様に、礼儀正しく使命に向かって自力でがんばる人の願いなら聞いてあげようと思ってくださって、必要なものを降ろしてくださいます。

産土様は必要なものを必要な時に降ろしてくださいますが、どんな降ろし方をするのかはお任せしましょう。「たくさん勉強するので、〇〇大学に合格させてください」といった**具体的な結果をお願いすることはやめたほうが無難です。**

仮に志望校合格をお願いしたのに落ちたのなら、勉強が足りなかった自分の責任ともいえますし、その年にその学校に受かるべきではなかったのだともいえます。別の道で人生を変えるような良い出会いがあるかもしれません。決して志望校に落ちた・浪人した＝不幸ではないのです。どのような結果になっても、すべて必要があってのことだと捉えましょう。

お願いをする時は、二一日間連続で参拝をする

産土様に願い事をする時は、**一つの願意につき、二一日間連続で参拝**しましょう。連続で行けなかったらまた一日目からやり直します。**参拝時間はいつでもかまいません。**深夜参拝も周囲の迷惑にならなければ大丈夫です。願い事が複数ある場合は、最初の願意を二一日達成してから、次の願意を二一日続けましょう。

いくつか願いがあるなら、抽象度を上げて、全部含まれるような一つの願い事にまとめてもかまいません。例えば転職したいし引越しもしたい、と思うなら、**自分の使命が果たせる場所に導いていただけますでしょうか？　というようにお願いします。**ただしその場合良い方向に導かれるとしても、引越し先が見つからないなど、ピンポイントでは叶わないことがあります。

願意は自分の天命・地命・我命と関係あるものにします。もし資格が取りたいのであれば、その資格でどのように世の中に貢献できるのか明確にしてください。単に自分が偉くなりたいといった個人的な願いは、地球を良くするという産土様の使命と関係ないので、聞いてくださらないでしょう。

また叶えるために行動するのはあくまで自分だと心得て、**産土様には自分ではどうにもできないことを助けてもらいましょう。**

結婚したいのであれば、集まりに参加するなど出会いの機会は自分で作り、集まりでどんな人が来るかといったコントロールできないことをお願いします。

他の神社へのお取り次ぎをお願いする

産土様以外の神社に参拝する時は、事前に産土様にお取り次ぎしてもらいましょう。お取り次ぎなしで参拝してもかまいませんが、それは神様にとっては挨拶程度の訪問と同じことになり、願い事は聞いてもらえないと思ってください。

ただ本来、地域の人の願いを叶えるのは産土様の役割なので、産土様にお願いして叶わないからと別の神社に行くのは意味がありません。

それを理解した上でお願いに行きたければ、「どうしても叶えたい望みがあるから、他にも行ってみたい」「せっかく出雲旅行をするので、ぜひ出雲大社にもお願いしてみたい」というように、お取り次ぎしてもらう理由を明確に示しましょう。

お取り次ぎをお願いする時は、他の神社に行く前に一回でもいいので産土様にお参りします。そして「いつどこの神社にこういう目的でお参りしたいと思います」とご報告の上、「どうか先方の神様にお取り次ぎをお願いできますでしょうか」と言えば、アポイントを取っていただけます。あとはその神社でその目的を唱えれば、聞いてもらえるでしょう。

ただし伊勢神宮と出雲大社に参拝して願い事をしたい場合は、事前に二一日間産土様にお参りしてください。

この二社は産土様よりも神様として高格な上、同じような人が毎日山のように訪れます。お取り次ぎなしではまったく願いを聞いてもらえないと思ってください。もちろん単なる観光として行く分には問題ありません。

複数の神社へのお取り次ぎをお願いしてもかまいませんが、その日は欲張らずお願いはしないでおいてください。

第三章

カタカムナ数歌暦で運気上昇！
五年分の
開運カレンダー

数か月後——
先生ー久しぶり！
梨子さん！その後はどうですか？
それがもー…聞いてください!!
チャージングとクリアリングで魂をきれいにして…
産土様に「みんなのためになる仕事に出合いたい」ってお願いしたんです
そしたら…転職活動が成功して年収UP！
UP!
年収
さらにさらに…そこで出会った取引先の男性と今いい感じで…♡♡
キャッ
こんなにミラクルが起きちゃうなんて…神様のお力ってすごい!!
そうでしょうそうでしょう！

そんな梨子さんのために
もっと運をアップさせる
年表を作りました！
これをもとに
今日から
自分でできることを
やってみてください
はい！
グレゴリオ　カタカムナ　行動指針　気持ちの指針　ラッキーカラー
1日（金）　11月26日　理想を実現するために禊をする　己巳の開運日であり新月であることを意識する　青いペンで今日の予定を書
2日（土）　11月27日　何かを始める　面倒くさがらない
3日（日）　11月28日　次元上昇を目指す気持ちで
一日三つの開運アクションがありますが、全部できない時は一つだけでもOKです
カタカムナの日付は、眺めるだけでも開運します！
なるほど…
開運表
私、これ以上運が良くなったらどうなっちゃうの!?
宝くじで一億円も当たっちゃったりして…!!
ま…まぁそれが世の中のためなら
一億円も夢じゃない…かも？

二〇二四年一一月から二〇二九年一二月までの開運行動を網羅！

さて、第三章では開運に大いに役立つカタカムナ数歌暦による暦とその日の開運行動を二〇二四年から二〇二九年まで、五年にわたってたっぷりご紹介します。

カタカムナ数歌暦を使えば、次元を上昇させる十三原律に沿い、天体のリズムに合わせて生きることができます。

その結果、見えない世界からの大きなサポートを受け、眠っていた能力を開花させることができ、道が開けていくのです。

年表では、その日をどんな気持ちで過ごし、どう行動したらいいか、ワンポイントアドバイスとともにラッキーカラーを使った開運アクションをご紹介しています。

一日一つやるだけでも効果がありますが、三つすべて行うとより効果的でしょう。余裕がある日はぜひコンプリートしてください。

ただ、忙しくて余裕がない日もあるでしょう。そんな方のために、西暦の日付の隣にカタカムナ数歌暦の日付を特別に掲載しました。

この日付を日々眺めるだけでもバツグンの開運効果があります。それだけで数魂の力により、月のリズムにシンクロでき、見えない世界とのつながりが深まりますよ。

この年表の通りに行動すれば、あなたの運がますます良くなるのは間違いないでしょう。ぜひカタカムナ数歌暦の持つ特別な力を実感してください。

グレゴリオ	カタカムナ	行動指針	気持ちの指針	ラッキーカラー
16日（土）	12月13日	小さなことを大切にしながら過ごす	満月の力を感じる	紫色の服を着る、または紫色のものを注視する
17日（日）	12月14日	理想を改めて意識した上で動く	何かに憧れる気持ちを大切にする	真珠の実物または画像・映像を眺める
18日（月）	12月15日	小さくても習慣になりそうなことを始める	完璧を求めない	銀色の宝飾品を身に着ける
19日（火）	12月16日	自分の理想を人に伝えてみる	人に共感することを心がける	金色の光をイメージする
20日（水）	12月17日	ガツガツした行動を避ける	ゆったりと考える	ホワイトゴールドの光の写真や映像を眺める
21日（木）	12月18日	直感を信じて動く	迷わず進む気持ちで	赤いものを身に着ける
22日（金）	12月19日	災害への備えを確認し、できるだけ万全に整える	命を守ることを最優先に考える	オレンジジュースを飲む
23日（土）	12月20日	行動を止めず継続する	日々のくらしを大事に考える	黄色い花を探す、見る
24日（日）	12月21日	変化を起こすにはどうすべきか検討する	今年一年を振り返ってみる	産土様の神社で黄緑の葉を見つける
25日（月）	12月22日	理想を意識し、それに向かって行動する	人の良い面を見るようにする	光の色を意識して日光浴を楽しむ
26日（火）	12月23日	できるだけ手を動かす	実践を重視する	深海の写真または映像を眺める
27日（水）	12月24日	今までの成果を振り返って評価をする	真剣に取り組むつもりで	青い服または下着を身に着ける
28日（木）	12月25日	反省すべきことを反省し次に生かすと良い	謙虚さを保つ	青紫の花（写真でも良い）を見る
29日（金）	12月26日	会う人に敬意を払った態度をとる	自己中心的にならない	紫色のものを探してみる
30日（土）	12月27日	意識して変化を起こす	躊躇しない	真珠色の光をイメージする

2024年 **11**月　　　　November

グレゴリオ	カタカムナ	行動指針	気持ちの指針	ラッキーカラー
1日（金）	11月26日	理想を実現するために禊をする	己巳の開運日であり新月であることを意識する	青いペンで今日の予定を書く
2日（土）	11月27日	何かを始める	面倒くさがらない	青紫の花を見つける
3日（日）	11月28日	反省活動に良い日。これまでのことを振り返り、反省すべきことを反省し次に生かす	次元上昇を目指す気持ちで	紫色のアクセサリーを身に着ける
4日（月）	12月1日	前向きな計画を立てる	明るい気分で過ごす	真珠を身に着ける
5日（火）	12月2日	好きなことをする	純粋な心で	銀色の小物を使う
6日（水）	12月3日	他者を思いやった行動をとる	思いやりを持つ	金色のペンで自分の望みを書き出す
7日（木）	12月4日	責任を果たすよう努める	他者のせいにしない	ホワイトゴールドの宝飾品を身に着ける、または眺める
8日（金）	12月5日	自分の思いを人に伝える	人に自分を知ってもらうよう心がける	赤い野菜を食べる
9日（土）	12月6日	自分が掲げる理想について確認し、その理想に向かって行動	自分に厳しくする	オレンジ色のものを見つける
10日（日）	12月7日	命があり生きていることを産土様に感謝して過ごす	心に余裕を持つ	黄色い光をイメージする
11日（月）	12月8日	発展的なコミュニケーションを取る	冷静さを保つ	黄緑色のものを見つける
12日（火）	12月9日	物事を複雑に考えない	複雑に考えない	黄色い太陽の光を浴びる
13日（水）	12月10日	楽観的に過ごすようにする	直感を重視し思い悩まない	青緑の光をイメージする
14日（木）	12月11日	責任を持った行動をとる	自分の役割を果たすことを意識する	青いものを見つける
15日（金）	12月12日	考えたことを発信する	英気を養うことを心がける	青紫のカップを使う

グレゴリオ	カタカムナ	行動指針	気持ちの指針	ラッキーカラー
16日（月）	13月15日	自分軸を再確認し軸に合う言動をとる	食べものなどの命を頂いて生きていることに感謝する	ホワイトゴールド色のものを探してみる
17日（火）	13月16日	できる限り頑張る	理想の実現を願う	赤い紐を結んでみる
18日（水）	13月17日	産土様にお参りする	意識してよく考えるようにする	オレンジ味のものを食べる、飲む
19日（木）	13月18日	直感を信じて動く	迷わず進む気持ちで	黄色いものを身に着ける
20日（金）	13月19日	ネガティブな出来事が起こることに覚悟の気持ちを抱き、備えを万全にする	心を落ち着かせることを意識する	黄緑の服を着る、または探す
21日（土）	13月20日	冬至のエネルギー変化（陰→陽）を感じて過ごす	自分に自信を持つ	緑の葉が付いた木に触れてみる
22日（日）	13月21日	来年に向けて新しいことを始める	未来に希望を持つ	青緑色のものを見つける
23日（月）	13月22日	災害を覚悟し備える	ポジティブな気持ちを保つ	青いものを身に着ける
24日（火）	13月23日	命あるものを感謝して食べる	禊の大事さを意識する	青紫色のものを見つける
25日（水）	13月24日	禊をして今年一年の穢れを祓う	一年の出来事を振り返り感謝する	紫をイメージしてセオリツヒメ様にお祈りする
26日（木）	13月25日	神様にすべてのゆるしを請う	来年への一歩を踏み出すことを意識する	真珠のアクセサリーを身に着ける、または見る
27日（金）	13月26日	来年を理想の年にするために行うべきことを考えてまとめる	自己中心的にならないようにする	銀色のペンダントを身に着ける、または探す
28日（土）	13月27日	食べものの命に感謝し、命の力を身体に取り入れるつもりで食べる	命があることを神様に感謝する	金色の装飾品を身に着けている人を見つける
29日（日）	13月28日	人に助言を求める	未来は明るいと信じる	白いシャツを着る
30日（月）	1月1日	来年どのような変化を起こしたいか考案する	前向きに過ごす	赤いものを身に着ける
31日（火）	1月2日	理想的な来年のあり方を考える	新月の力を取り入れる気持ちを抱く	オレンジジュースを飲む

2024年 12月　December

グレゴリオ	カタカムナ	行動指針	気持ちの指針	ラッキーカラー
1日（日）	12月28日	新月のパワーを感じる時間を持つ	クリアリングを意識する	銀色のアクセサリーを身に着ける
2日（月）	13月1日	産土様にお参りする	一年の有終の美を飾ることを意識する	筆記具に付いている金色の部分を見る
3日（火）	13月2日	人と語り合う	周囲に貢献する意識を持つ	白いキャンドルを灯す
4日（水）	13月3日	命を有り難く頂く気持ちで食事する。特に玄米を食べる	見えない世界とつながる意識を持つ	赤い文房具を使う
5日（木）	13月4日	自分軸とは何かを考える	「できる」と信じる	オレンジ色の服を着る、または小物を持つ
6日（金）	13月5日	エネルギーを蓄えることを優先する	人に左右されないようにする	黄色い花を飾る、眺める
7日（土）	13月6日	好きな人と食事をする	楽しい感覚を味わう	黄緑の葉に触れる
8日（日）	13月7日	産土様に現状をご報告する	ゆったりと考える	緑茶を飲む
9日（月）	13月8日	今後発展させるべき項目を洗い出す	焦らない	青緑色のものを探してみる
10日（火）	13月9日	今年の締めくくりを意識した行動をとる	シンプルに考える	青いペンで願いを書く
11日（水）	13月10日	すべてに感謝して過ごす	持つべきものはすべて持っていることを自覚する	青紫色のものを見つける
12日（木）	13月11日	次元上昇を目指して行動する	命を精一杯使い切る気持ちで	紫の炎をイメージする
13日（金）	13月12日	行動は控え目にし、思考をする時間を持つ	人の良い面を見つける	真珠の実物または写真を見る
14日（土）	13月13日	小さなことを大切にしながら何かを始める	人の言動にイライラしない	銀色のスプーンかフォークかナイフを使う
15日（日）	13月14日	月光浴をする	冷静さを保つ	金色のものを見つける

グレゴリオ	カタカムナ	行動指針	気持ちの指針	ラッキーカラー
16日（木）	1月18日	神様とつながる意識で産土様にお参りする	平和の大事さを思う	緑の植物を眺める
17日（金）	1月19日	地球や大地に感謝しながら過ごす	協調性を持つ	青緑の入った絵を見る
18日（土）	1月20日	見えない力を信じて過ごす	慎重な判断を心がける	青いアクセサリーを身に着ける
19日（日）	1月21日	始めたいことを始める	「これでいい」と肯定する	青紫の花を飾る
20日（月）	1月22日	あきらめずに続ける	謙虚な気持ちで	紫色のものを身に着ける
21日（火）	1月23日	ゆっくりと内省し命に感謝する	希望を持つ	真珠を身に着ける、または見る
22日（水）	1月24日	新しい試みに挑戦する	前向きな姿勢を維持する	銀色の小物を使う
23日（木）	1月25日	自分軸を再確認し軸に合う言動をとる	客観的に物事を見るようにする	筆記具に付いている金色の部分を見る
24日（金）	1月26日	理想のために何をすべきか検討する	実情を把握し対応を心がける	白いキャンドルを灯す
25日（土）	1月27日	神様とつながる意識を持って行動する	謙虚な気持ちで	赤い文房具を使う
26日（日）	1月28日	反省すべきことを反省し次に生かす	人と仲良くするよう心がける	オレンジ色の服を着る、小物を持つ
27日（月）	2月1日	神様とつながる意識で産土様にお参りする	持続的な努力を心がける	黄色い花を飾る、眺める
28日（火）	2月2日	二極化に向かうことを避け、調和を目指して行動する	知識習得への意欲を持つ	黄緑の葉に触れる
29日（水）	2月3日	新月のエネルギーを浴びながら禊をする	浄化されることをイメージする	緑茶を飲む
30日（木）	2月4日	考えすぎずシンプルに行動に移す	シンプルな思考を保つ	青緑色のものを見つける
31日（金）	2月5日	これから始めることを一生懸命考え出す	新しいことに挑む気持ちで	青いペンで願いを書く

2025年 1月 January

グレゴリオ	カタカムナ	行動指針	気持ちの指針	ラッキーカラー
1日（水）	1月3日	ネガティブ感情にならないよう意識して過ごす	命があることに感謝する	黄色い花を飾る
2日（木）	1月4日	時間を大事にして過ごす	精神を穏やかに保つ	光の色を意識して日光浴を楽しむ
3日（金）	1月5日	自分のこれまでを振り返る時間を持つ	他者を思いやる心を持つ	緑茶を飲む
4日（土）	1月6日	好きな人と食事をする	楽しい感覚を味わう	海の写真を見る
5日（日）	1月7日	内省し自己を見つめ直す	金銭感覚に意識を向けてみる	青い服を着る
6日（月）	1月8日	得たい成果をイメージした上で行動する	自分を律する	青紫の花（写真でも良い）を見る
7日（火）	1月9日	新しいプロジェクトを始める	冷静さを心がける	紫色のものを身に着ける
8日（水）	1月10日	すべてを許すと決めて実践する	何があっても驚かないようにする	真珠を見る
9日（木）	1月11日	命があることに感謝して過ごす	柔軟な思考を持つ	銀色のものを使用する
10日（金）	1月12日	クヨクヨせずに始める	明るく前向きな気持ちで	金色のものを身に着ける
11日（土）	1月13日	責任感を持って行動する	自己責任の意識を持つ	白い花を飾る
12日（日）	1月14日	理想に向かって歩みを進める	欲しい成果を明確にイメージする	赤い靴または靴下を履く
13日（月）	1月15日	反省すべきことを反省し次に生かす	大局を見る視点を持つ	オレンジ色のものを食べる
14日（火）	1月16日	意識してエネルギーをチャージする	忍耐強く過ごす	黄色い服を着る
15日（水）	1月17日	できるだけ自然に近いものを食べる	長期的視野を持つ	黄緑色のものを見つける

グレゴリオ	カタカムナ	行動指針	気持ちの指針	ラッキーカラー
16日（日）	2月21日	人との約束を避ける	自己中心的にならない	真珠色の光をイメージする
17日（月）	2月22日	目標に向かって努力する	意志を強く保つ	銀色のアクセサリーを身に着ける
18日（火）	2月23日	新しいプロジェクトを始める	自信を持つ	金色の筆記具を使う
19日（水）	2月24日	家族と過ごす時間を作る	家族の絆の大切さを感じる	ホワイトゴールドの光の映像を眺める
20日（木）	2月25日	ビジネスミーティングをする	プロフェッショナルなふるまいを心がける	赤い花を飾る
21日（金）	2月26日	不測の事態への心構えと覚悟を持ち、備えを見直す	知識欲を満たすよう心がける	オレンジ色の小物を置く
22日（土）	2月27日	早寝早起きする	体調を整えることを優先する	黄色いランプを使う
23日（日）	2月28日	反省すべきことを反省し次に生かす	チャンスを生かす心意気で	黄緑のブックカバーを使う
24日（月）	3月1日	これから何を始めるべきか検討する	人脈を広げることを心がける	緑色の服を着るか緑色の靴を履く
25日（火）	3月2日	昨日考えたことを始める	リフレッシュを意識する	青緑の画像を検索する
26日（水）	3月3日	命に感謝し、命を大事にしながら過ごす	遠くにある目標に焦点を当てる	青いかばんや小物を持つ、または探す
27日（木）	3月4日	クリエイティブな作業をする	アイデアを形にする気持ちで	青紫のシャツを着ている人を見つける
28日（金）	3月5日	新月にお願いごとをする	新月のエネルギーを感じる	紫色のものを身に着ける

2025年2月　February

グレゴリオ	カタカムナ	行動指針	気持ちの指針	ラッキーカラー
1日（土）	2月6日	新たな趣味を探索する	創造的な心を思い出す	青紫色のものを見つける
2日（日）	2月7日	節分の日。「鬼は内、福は内」と言って豆まきをする	自信を持って前進する心意気で	紫の炎をイメージする
3日（月）	2月8日	立春という新たな年の始まりの日。気持ちを新たに過ごす	穏やかな気持ちで	真珠の実物または写真を見る
4日（火）	2月9日	物事をきわめるつもりで行動する	気持ちを新たに	銀色のスプーンかフォークかナイフを使う
5日（水）	2月10日	満たされていることに感謝しながら過ごす	すべての人・もの・コトに心から感謝する	金色のものを見つける
6日（木）	2月11日	友人と連絡を取る	コミュニケーションを重視する	ホワイトゴールド色のものを探してみる
7日（金）	2月12日	瞑想やヨガをする	コミュニケーションを大事にする	赤いペンで予定を書く
8日（土）	2月13日	大きな買い物は避ける	慎重な判断を心がける	オレンジ色のタオルを使う
9日（日）	2月14日	芸術作品を鑑賞する	インスピレーションを感じてみる	黄色いものを見つける
10日（月）	2月15日	大掃除をする	スッキリした気分を味わう	黄緑色のものを見つける
11日（火）	2月16日	写真を整理する	思い出に浸ってみる	緑の観葉植物を見る、または置く
12日（水）	2月17日	満月にお願いごとをする	満月の持つ力を信じる	青緑の海の映像を眺める
13日（木）	2月18日	新しいことを学び始める	学ぶ喜びを感じる	青いものを身に着ける
14日（金）	2月19日	命を愛でながら自然散策を楽しむ	自然の中で癒やしを感じる	青紫の花の写真・映像を眺める
15日（土）	2月20日	趣味の時間を大切に過ごす	自分の中の創造性を解放する	紫色のものを見つける

グレゴリオ	カタカムナ	行動指針	気持ちの指針	ラッキーカラー
16日（日）	3月21日	続けるための努力をする	すべてのものが揃っていることに感謝する	金色の装飾品を身に着けている人を見つける
17日（月）	3月22日	今後の計画を立てる	ポジティブに考える	白いシャツを着る
18日（火）	3月23日	神様に感謝して行動する	希望を持ち、できると信じる	赤いカップで熱いものを飲む
19日（水）	3月24日	前向きに行動する	氣の領域の力を信じる	オレンジ色の小物を身に着ける
20日（木）	3月25日	宇宙元旦の日。年明けを祝い、「行動する」と決意する	客観的に物事を見るようにする	黄色い付箋を使う
21日（金）	3月26日	理想のために何をすべきか考察する	実情を把握し対応を心がける	黄緑色のものを家の中で見つける
22日（土）	3月27日	4月は「行動の月」なので、それに向けて新しいことを始める	命があることに感謝する	緑色の服を着る
23日（日）	3月28日	反省すべきことを反省し次に生かす	他者との調和を大事に考える	青緑色のものを見つける
24日（月）	4月1日	神様とつながる意識を持って産土様にお参りする	持続的な努力を心がける	青い靴を履く
25日（火）	4月2日	二極化に向かうことを避け、調和を目指して行動する	知識習得への意欲を持つ	青紫の色をネットで見つける
26日（水）	4月3日	禊をする	人への感謝を忘れない	紫色の入っている服を着る
27日（木）	4月4日	考えすぎずシンプルに行動に移す	状況が改善し悩みが解消されると信じる	真珠のネックレスを身に着ける
28日（金）	4月5日	自分のこれまでを振り返って評価する	人を思いやる心を持つ	銀色の指輪などの装飾品を身に着ける
29日（土）	4月6日	明日から何を始めるかを決める（まだ始めない）	浄化されるイメージをする	金色の光をイメージする
30日（日）	4月7日	昨日決めたことを始める	見えない力を意識する	白いライトを点けてみる
31日（月）	4月8日	新たなアイデアを探求する	創造的な思考を楽しむ	屋外で赤い色を見つける

2025年3月

March

グレゴリオ	カタカムナ	行動指針	気持ちの指針	ラッキーカラー
1日（土）	3月6日	最高の理想とは何か思索する	良好な人間関係を目指す	貝の中に入っている真珠の画像・映像を眺める
2日（日）	3月7日	新たなことを始め、挑戦する	希望に満ちた気持ちで	銀色の小物を持つ
3日（月）	3月8日	進化を意識して積極的に行動を起こす	自信を持つ	金色のものを見つける
4日（火）	3月9日	妥協せずに行動する	内面を磨くつもりで	白いカップを使う
5日（水）	3月10日	人との和に重きを置いて行動する	人間関係に注意を払う	赤い紐を結んでみる
6日（木）	3月11日	創造的な活動に取り組む	否定的な感情を持たないよう留意する	オレンジ味のものを食べる、飲む
7日（金）	3月12日	自分の現状を人に伝える	穏やかな気持ちで過ごす	黄色いものを身に着ける
8日（土）	3月13日	誤解を解消するために努力する	明るい対応を心がける	黄緑の服を着る、または探す
9日（日）	3月14日	過去の成功を振り返って評価分析する	感謝の気持ちを忘れない	緑の葉が付いた木に触れてみる
10日（月）	3月15日	超開運日なのでそれを意識した行動を	究極の願いに思いを巡らせてみる	青緑色のものを見つける
11日（火）	3月16日	責任感を持って行動する	自己責任の意識を持つ	青いものを身に着ける
12日（水）	3月17日	伝えたいことを人に伝える	地球に対して感謝の心を持つ	青紫色のものを見つける
13日（木）	3月18日	命を大切にした行動をとる	大局を見る視点を持つ	紫をイメージしてセオリツヒメ様にお祈りする
14日（金）	3月19日	意識してエネルギーをチャージする	忍耐強く過ごす	真珠のアクセサリーを身に着ける、または見る
15日（土）	3月20日	徹底して怒らないようにする	長期的視野を持つ	銀色のペンダントを身に着ける、または探す

グレゴリオ	カタカムナ	行動指針	気持ちの指針	ラッキーカラー
16日（水）	4月24日	玄米を食べる	協調性を持つよう心がける	黄緑の草木の香りを嗅ぐ
17日（木）	4月25日	自分軸を再確認し、軸に合った言動をとる	「これでいい」と肯定する	緑の野菜を食べる
18日（金）	4月26日	自分の理想について再確認し実現に向けて努力する	「できる」と信じる	青緑の海で泳ぐイメージを抱く
19日（土）	4月27日	神様にお願いをする	前向きな姿勢を維持する	青い服を着る
20日（日）	4月28日	禊を意識して浄化になることをする	客観的に物事を見るようにする	青紫色のものを見つける
21日（月）	5月1日	理想のために何をすべきか検討する	実情を把握し対応を心がける	紫色のセオリツヒメ様の画像を見る
22日（火）	5月2日	災害への準備と心構えをする	大丈夫だと信じる	真珠のアクセサリーを身に着ける
23日（水）	5月3日	命を大事に扱う	他者との調和を大切にする	銀色の食器を使う
24日（木）	5月4日	できるだけ我慢して過ごす	物質的な成果が得られるよう願う	金色のものを身に着ける
25日（金）	5月5日	新しいことを始める	知識習得への意欲を持つ	自然の中にホワイトゴールド色があるのを見つける
26日（土）	5月6日	理想を実現するために行動する	人間関係の向上を目指す	赤い服か下着を身に着ける
27日（日）	5月7日	命に感謝して産土様にお参りする	自信を持って前進する心意気で	下丹田（おへその下）にオレンジ色の光を感じる
28日（月）	5月8日	これから始めることを一生懸命考え出す	新しいことに挑む気持ちで	黄色い光の映像を眺める
29日（火）	5月9日	今後きわめたいことを見つける	柔軟に考える	産土様の神社で黄緑色の植物を見つける
30日（水）	5月10日	己巳の開運日であることを意識して行動する	他者を尊重する	緑の野菜を食べる

2025年4月 April

グレゴリオ	カタカムナ	行動指針	気持ちの指針	ラッキーカラー
1日（火）	4月9日	産土様にお参りする	理想を大事にする	オレンジ色の食品を食べる
2日（水）	4月10日	新たなことを始め、挑戦する	希望に満ちた気持ちで	黄色い花を見つける
3日（木）	4月11日	より良くなることを目指した行動を	命の大切さを感じる	黄緑の葉に触る
4日（金）	4月12日	自分の思いを発信する	内面を磨くことを心がける	緑色の服か小物を身に着ける
5日（土）	4月13日	他者との和に重きを置いて行動する	人間関係に注意を払う	青緑の海をイメージする
6日（日）	4月14日	理想を実現するためにすべき行動を思案する	自分の創造性を信じる	青いペンで計画を書く
7日（月）	4月15日	思考を整理し計画を立てる	穏やかな心を保つ	青紫色のものを見つける
8日（火）	4月16日	誤解を解消できるよう努力する	明るい対応を心がける	紫の炎をイメージする
9日（水）	4月17日	過去の成功を振り返る時間を持つ	神様に感謝の気持ちを抱く	真珠色のものを見つける
10日（木）	4月18日	小さな成功体験を重ねる努力を	堅実な進歩を目指す	家の外に銀色があるのを見つける
11日（金）	4月19日	責任感を持って行動する	怠けたい気持ちを抑える	金色の光に包まれたところをイメージする
12日（土）	4月20日	意識して継続する	理想に向かう気持ちで	白いタオルを使う
13日（日）	4月21日	満月の光を浴びる	変化しようという意欲を持つ	赤い服を着る
14日（月）	4月22日	意識してエネルギーをチャージする	忍耐強く過ごす	オレンジ色を家の外で見つける
15日（火）	4月23日	禊をする	命に感謝する	黄色い小物を持つ

グレゴリオ	カタカムナ	行動指針	気持ちの指針	ラッキーカラー
16日（金）	5月26日	太陽に感謝しながら過ごす	協調性を大事にする	青紫のカップを使う
17日（土）	5月27日	内省し感謝して過ごす	焦らない	紫色の服を着る、または探す
18日（日）	5月28日	反省すべきことを反省し次に生かす	希望を持つ	真珠の実物または画像・映像を眺める
19日（月）	6月1日	何かの整理をする	前向きな気持ちで過ごす	銀色の宝飾品を身に着ける
20日（火）	6月2日	二極化に向かうことを避け、調和を目指して行動する	継続を意識する	金色の光をイメージする
21日（水）	6月3日	ネガティブ感情にならないよう意識して過ごす	命があることに感謝する	ホワイトゴールドの光の映像を眺める
22日（木）	6月4日	自分のこれまでを振り返って評価する	精神を穏やかに保つ	赤いものを身に着ける
23日（金）	6月5日	新しいプロジェクトを始める	冷静さを心がける	オレンジジュースを飲む
24日（土）	6月6日	好きな人とお互いの理想について話す	楽しい感覚を味わう	黄色い花を見る、見つける
25日（日）	6月7日	内省し自己を見つめ直す	天赦日なので、許されたことを感じる	産土様の神社で黄緑の葉を見つける
26日（月）	6月8日	ケンカせず、平和を保つよう努める	自己規律を守る気持ちで	光の色を意識して日光浴を楽しむ
27日（火）	6月9日	新しいプロジェクトを始める	新月のエネルギーを感じる	深海の写真または映像を眺める
28日（水）	6月10日	すべてを許すと決めて実践する	何があっても驚かないようにする	青い服または下着を身に着ける
29日（木）	6月11日	大きな結果を出すために動いてみる	柔軟な思考を持つ	青紫の花（写真でも良い）を見る
30日（金）	6月12日	自分の思いを人に伝える	明るく前向きに	紫色のものを身に着ける
31日（土）	6月13日	行動は控え目にし、思考をする時間を持つ	自己責任の意識を持つ	真珠を着けている人を見つける

2025年 5月

May

グレゴリオ	カタカムナ	行動指針	気持ちの指針	ラッキーカラー
1日（木）	5月11日	理想を重視して計画を練る	ネガティブ思考を避ける	青緑の海の映像を眺める
2日（金）	5月12日	調和を大事にしながら過ごす	他者に批判的にならない	青いペンで今日の予定を書く
3日（土）	5月13日	命に感謝して過ごす	自信を持つ	青紫の花を見つける
4日（日）	5月14日	物質的な願望を口に出して言う	希望は叶うと信じる	紫色のアクセサリーを身に着ける
5日（月）	5月15日	ケンカを避ける	自分軸を大事にする	真珠を身に着ける
6日（火）	5月16日	自分を甘やかさないで過ごす	理想を追求することを意識する	銀色の小物を使う
7日（水）	5月17日	環境に感謝しながら過ごす	落ち着きを保つ	金色のペンで自分の望みを書き出す
8日（木）	5月18日	進化・発展を目指して行動する	イライラしない	ホワイトゴールドの宝飾品を身に着ける、または眺める
9日（金）	5月19日	考えすぎないで動く	シンプルに考える	赤い野菜を食べる
10日（土）	5月20日	食べものを頂けることに感謝して食事する。特に玄米を食べる	すべては満たされていると感謝する	オレンジ色のものを見つける
11日（日）	5月21日	くらしに変化を加えてみる	自己責任の意識を持つ	黄色い光をイメージする
12日（月）	5月22日	理想を意識してそれに向けた行動をする	人の良い面を見る	黄緑色のものを探す
13日（火）	5月23日	満月の光を浴びる	エネルギーがチャージできたことを感じる	黄色い太陽の光を浴びる
14日（水）	5月24日	欲しいもの、コトは何かをよく考えて明確にする	「できる」と信じる	青緑の光をイメージする
15日（木）	5月25日	自分軸からぶれないようにする	長期的視野を持つ	青いものを見つける

グレゴリオ	カタカムナ	行動指針	気持ちの指針	ラッキーカラー
16日（月）	7月1日	神様とつながる意識で産土様にお参りする	持続的な努力を心がける	ホワイトゴールドのアクセサリーの実物か画像を見る
17日（火）	7月2日	理想に向けて新しい計画を立てる	知識を得る意欲を持つ	赤いものを身に着ける
18日（水）	7月3日	新しいことを始める	命の大切さを感じる	オレンジジュースを飲む
19日（木）	7月4日	考えすぎずシンプルに行動に移す	地球に対して感謝の心を持つ	黄色い花を飾る
20日（金）	7月5日	自分軸を見直し、軸に合った言動をとる	自分が自分の世界の中心であることを意識する	光の色を意識して日光浴を楽しむ
21日（土）	7月6日	不測の出来事が起きることを覚悟し、備えを見直す	創造的な心を育むつもりで	緑茶を飲む
22日（日）	7月7日	産土様にお参りする	自信を持って前進する心意気で	海の写真を見る
23日（月）	7月8日	仕事面で大きな一歩を踏み出す	決断に迷わない	青い服を着る
24日（火）	7月9日	リラックスする時間を設ける	まず始めることが大事だと考える	青紫の花（写真でも良い）を見る
25日（水）	7月10日	目標を見直して新しい計画を立てる	すべては満ち足りていることを意識する	紫色のものを身に着ける
26日（木）	7月11日	次元上昇に向けて行動する	命を大切にする意識で	真珠を見る
27日（金）	7月12日	瞑想やヨガをする	コミュニケーションを大事にする	銀色のものを使用する
28日（土）	7月13日	地球を感じるものに触れてみる	慎重な判断を心がける	金色のものを身に着ける
29日（日）	7月14日	芸術作品を鑑賞する	インスピレーションを感じてみる	白い花を飾る
30日（月）	7月15日	玄米を食べる	スッキリした気持ちを味わう	赤い靴または靴下を履く

2025年6月 June

グレゴリオ	カタカムナ	行動指針	気持ちの指針	ラッキーカラー
1日（日）	6月14日	理想に向かって歩みを進める	理想を思い浮かべる	銀色のものを使用する
2日（月）	6月15日	命の大切さを意識して過ごす	大局を見る視点で	金色のものを買う
3日（火）	6月16日	玄米を食べる	理想は実現可能だと信じる	ホワイトゴールド色のものを見つける
4日（水）	6月17日	新しいことを始める	長期的視野を持つ	赤い靴または靴下を履く
5日（木）	6月18日	神様に感謝を伝える	理想を大切にする	オレンジ色のものを食べる
6日（金）	6月19日	最近始めたこと、続けていることを振り返る	覚悟の気持ちを抱く	黄色い服を着る
7日（土）	6月20日	見えない力を信じて過ごす	習慣を大事にする気持ちで	黄緑色のものを見つける
8日（日）	6月21日	自分がどう変化していきたいか考えてみる	自分を認める	緑の植物を眺める
9日（月）	6月22日	二極化に向かわないような行動を心がける	謙虚な態度を心がける	青緑の絵を見る
10日（火）	6月23日	禊をする	希望を持つ	青いアクセサリーを身に着ける
11日（水）	6月24日	満月の光を浴びる	前向きな思考を維持する	青紫の花を見る
12日（木）	6月25日	自分軸を再確認し、軸に沿う言動を心がける	客観的に物事を見るようにする	紫色のものを身に着ける
13日（金）	6月26日	理想の実現のためにすべきことを考察する	実情を把握し対応を心がける	真珠を身に着ける、または見る
14日（土）	6月27日	命があり生かされていることを神様に感謝して過ごす	謙虚さを忘れない	銀色の小物を使う
15日（日）	6月28日	反省すべきことを反省し次に生かす	他者との調和を重視する	金色のものを身に着けた人を見つける

グレゴリオ	カタカムナ	行動指針	気持ちの指針	ラッキーカラー
16日（水）	8月3日	自分の役割を考えて動く	遠くにある目標に焦点を当てる	黄緑の葉に触れる
17日（木）	8月4日	クリエイティブな作業をする	アイデアを形にする気持ちで	緑茶を飲む
18日（金）	8月5日	自分軸を再確認し言動を軌道修正する	自分の世界の中心は自分だと自覚する	青緑色のものを見つける
19日（土）	8月6日	理想に向かって進むための計画を立てる	理想を大事にする気持ちで	青いペンで願いを書く
20日（日）	8月7日	新たなことを始め、挑戦する	希望に満ちた気持ちで	青紫色のものを見つける
21日（月）	8月8日	積極的に行動を起こす	今までよりも大きく発展する心づもりで	紫の炎をイメージする
22日（火）	8月9日	より完成を目指して努力する	「これ以上できない」と思うまで続ける	真珠の実物または写真を見る
23日（水）	8月10日	すべてが満たされていることに心から感謝して過ごす	すべての人・もの・コトに感謝する	銀色のスプーンかフォークかナイフを使う
24日（木）	8月11日	産土様にゆるしを請う	行動をつつしむよう心がける	金色のものを見つける
25日（金）	8月12日	思考を整理し計画を立てる	新月のエネルギーを感じる	ホワイトゴールド色のものを探してみる
26日（土）	8月13日	誤解が解消できるよう努力する	明るい対応を心がける	赤いペンで予定を書く
27日（日）	8月14日	大きな発展を目指してできることをする	大きく発展していくと信じる	オレンジ色のタオルを使う
28日（月）	8月15日	天命を決めて、口に出す	自分が楽しいことをする気持ちで	黄色いものを見つける
29日（火）	8月16日	行動の意図を明確にしてから具体的に動く	結果を出すことにこだわってみる	黄緑色のものを見つける
30日（水）	8月17日	伝えたいことを人に伝える	地球に対して感謝の心を持つ	緑の観葉植物を部屋に置く、または見る
31日（木）	8月18日	進化を目指して行動する	大局を見るよう心がける	青緑の海の映像を眺める

2025年 7月　　July

グレゴリオ	カタカムナ	行動指針	気持ちの指針	ラッキーカラー
1日（火）	7月16日	写真を整理する	思い出に浸ってみる	オレンジ色のものを食べる
2日（水）	7月17日	大地、石に触れてみる	地球があることの有り難さを思い感謝する	黄色い服を着る
3日（木）	7月18日	新しい知識を探求する	神様につながる意識を持つ	黄緑色のものを見つける
4日（金）	7月19日	災害への備えをする	できる限りの備えを心がける	緑の植物を眺める
5日（土）	7月20日	やめないで継続する	人に対して共感する	青緑の絵を見る
6日（日）	7月21日	今までと違うことをやってみる	変化を恐れない	青いアクセサリーを身に着ける
7日（月）	7月22日	二極に偏らず調和に向かうような行動をとる	人のことを認める	青紫の花を飾る
8日（火）	7月23日	命に感謝し命について考える時間を持つ	自信を持つ	紫色のものを身に着ける
9日（水）	7月24日	家族と過ごす時間を作る	家族の絆を大切にする	真珠を身に着ける、または見る
10日（木）	7月25日	自分軸について人に伝える	主体的に考える	銀色の小物を使う
11日（金）	7月26日	満月にお願いごとをする	理想の実現をあきらめない	筆記具に付いている金色の部分を見る
12日（土）	7月27日	新しいことを始める	神様につながる意識を持つ	白いキャンドルを灯す
13日（日）	7月28日	反省すべきことを反省し次に生かす	チャンスを生かす意欲を持つ	赤い文房具を使う
14日（月）	8月1日	これから何を始めるべきか考案する	人脈を広げることを心がける	オレンジ色の服を着る、小物を持つ
15日（火）	8月2日	試してみたかったことを実行に移す	リフレッシュを意識する	黄色い花を飾る、眺める

グレゴリオ	カタカムナ	行動指針	気持ちの指針	ラッキーカラー
16日（土）	9月6日	自分の理想を再確認し、それに向かって動く	必ず達成できると信じる	紫色のものを身に着ける
17日（日）	9月7日	産土様にお参りする	見えない力を意識する	貝の中に入っている真珠の画像・映像を眺める
18日（月）	9月8日	新たなアイデアを探求する	創造的な思考を楽しむ	銀色の小物を持つ
19日（火）	9月9日	物事をきわめることを意識して動く	妥協しない	金色のものを見つける
20日（水）	9月10日	不測の事態への心構えと覚悟を持ち、備えの再確認をする	何があっても後悔しないと誓う	白いカップを使う
21日（木）	9月11日	より良くなることを目指して行動する	次元上昇を意識する	赤い紐を結んでみる
22日（金）	9月12日	人のためになる発信をする	争わないことを意識する	オレンジ味のものを食べる、飲む
23日（土）	9月13日	この上ないスタートの日なので、何かをきわめる意識で新しいことを始める	何かを始めるのに最適な日であることを認識する	黄色いものを身に着ける
24日（日）	9月14日	物質的な成果だけにこだわらず活動する	精神的な成長を目指す	黄緑の服を着る、または探す
25日（月）	9月15日	自分軸について改めて考え、言動を見直す	命があることに感謝する	緑の葉が付いた木に触れてみる
26日（火）	9月16日	理想に向かって行動しているかチェックする	明るい対応を心がける	青緑色のものを見つける
27日（水）	9月17日	産土様にお参りする	地球に対して感謝の念を持つ	青いものを身に着ける
28日（木）	9月18日	己巳の日という吉日なので、その日の持つ力を活用する意識で行動する	大きな進歩を目指す気持ちで	青紫色のものを見つける
29日（金）	9月19日	災害に対しての備えを再確認する	何があっても大丈夫だと信じる	紫をイメージしてセオリツヒメ様にお祈りする
30日（土）	9月20日	小さくても継続できそうなことを始める	日々のくらしも大事なことだと認識する	真珠のアクセサリーを身に着ける、または見る
31日（日）	9月21日	今までと違うことをやってみる	変化しようという意欲を持つ	銀色のペンダントを身に着ける、または探す

2025年 8月　August

グレゴリオ	カタカムナ	行動指針	気持ちの指針	ラッキーカラー
1日（金）	8月19日	命の使い方を考え実行に移す	大きな状況の変化に対して覚悟を持つ	青いものを身に着ける
2日（土）	8月20日	やめずに続ける	怒らない	青紫の花の写真、映像を見る
3日（日）	8月21日	大きな結果を出すために行動する	変化を喜ぶようにする	紫色のものを見つける
4日（月）	8月22日	意識して理想に向けた行動をとる	人の良い面を見る	真珠色の光をイメージする
5日（火）	8月23日	新たな禊の習慣を始める	希望を持つ	銀色のアクセサリーを身に着ける
6日（水）	8月24日	前向きに行動する	氣の領域の力を信じる	金色の筆記具を使う
7日（木）	8月25日	自分軸を確認し軸に沿った言動をとる	客観的に物事を見るようにする	ホワイトゴールド色の光の映像を眺める
8日（金）	8月26日	理想のために何をすべきか検討する	実情を把握し対応を心がける	赤い花を飾る
9日（土）	8月27日	満月のエネルギーを身体に入れることを意図して禊をする	神様につながる意識を持つ	オレンジ色の小物を置く
10日（日）	8月28日	反省すべきことを反省し次に生かす	発展をイメージする	黄色いランプを使う
11日（月）	9月1日	神様とつながる意識を持ち産土様にお参りする	「すべてはひとつである」というワンネスの意識を持つ	黄緑の小物を使う
12日（火）	9月2日	二極化を避け、調和に向かうことを意識して過ごす	知識習得への意欲を持つ	緑色の服を着るか緑色の靴を履く
13日（水）	9月3日	命に感謝し、命を大事にして過ごす	人への感謝を忘れない	青緑の画像を検索する
14日（木）	9月4日	考えすぎず、結果にフォーカスしてシンプルに行動に移す	状況が改善し悩みが解消されると信じる	青いかばんや小物を持つ、または探す
15日（金）	9月5日	これから始めることを一生懸命考案する	天命を意識する	青紫のシャツを着ている人を見つける

グレゴリオ	カタカムナ	行動指針	気持ちの指針	ラッキーカラー
16日（火）	10月9日	物事をきわめることを意識して行動する	もっと上に行こうと決意する	屋外で赤い色を見つける
17日（水）	10月10日	すべてが満たされていることに心から感謝して過ごす	すべての人・もの・コトに感謝する	オレンジ色の食品をとる
18日（木）	10月11日	理想を重視した計画を立てる	命の愛おしさを感じて	黄色い花を見つける
19日（金）	10月12日	新しく始めることを宣言し実行に移す	コミュニケーションを大事にする	黄緑の葉に触る
20日（土）	10月13日	すべては神様の仕組んだ筋書きだという意識を持って過ごす	進化していることを自覚する	緑色の服か小物を身に着ける
21日（日）	10月14日	今物質的に必要なものを明確にする	理想は現実化できると信じる	青緑の海をイメージする
22日（月）	10月15日	新しいことを始めるための準備をする	自分軸を大事にする	青いペンで計画を書く
23日（火）	10月16日	安易な行動をつつしむ	理想を追求する気持ちで	青紫色のものを見つける
24日（水）	10月17日	産土様に喜んでいただけそうなことを実践する	今の環境に感謝する	紫の炎をイメージする
25日（木）	10月18日	進化・発展を目指して動く	イライラしない	真珠色のものを見つける
26日（金）	10月19日	災害への備えの確認作業を行う	心を落ち着かせることを意識する	家の外に銀色があるのを見つける
27日（土）	10月20日	今のくらしができていることに感謝しながら過ごす	継続しようと決める	金色の光に包まれたところをイメージする
28日（日）	10月21日	くらしに変化を求めて活動する	自己責任の意識を持つ	白いタオルを使う
29日（月）	10月22日	人の意見を聞く	自己主張を抑える	赤い服を着る
30日（火）	10月23日	禊をする	命の有り難さを感じる	オレンジ色を家の外で見つける

グレゴリオ	カタカムナ	行動指針	気持ちの指針	ラッキーカラー
1日（月）	9月22日	人のことを批判しない、攻撃しない	調和を意識する	金色の装飾品を身に着けている人を見つける
2日（火）	9月23日	禊をする	思い浮かぶイメージを大切にする	白いシャツを着る
3日（水）	9月24日	成果を上げるために行動に工夫を加える	あきらめない	赤いカップで熱いものを飲む
4日（木）	9月25日	自分軸に沿うことを何か始める	神様とつながる意識を持つ	オレンジ色の小物を身に着ける
5日（金）	9月26日	理想を再確認して行動を改善する	「できる」と信じる	黄色い付箋を使う
6日（土）	9月27日	神様にお願いをする	命の大切さを意識する	黄緑色のものを家の中で見つける
7日（日）	9月28日	現状を見て反省すべきことは反省する	客観的な視点で見る	緑色の服を着る
8日（月）	10月1日	産土様とつながる意識でお参りをする	満月の力を取り入れるイメージをする	青緑色のものを見つける
9日（火）	10月2日	対立をしない	理想の実現に向けて行動すると誓う	青い靴を履く
10日（水）	10月3日	今の状況を振り返り、反省すべきことは反省する	命を大事に思う	青紫の色をネットで見つける
11日（木）	10月4日	できるだけ我慢する	物質的な成果が得られるよう願う	紫色の入っている服を着る
12日（金）	10月5日	自身の改善できる部分を考えてみる	自分軸を大事にする	真珠のネックレスを身に着ける
13日（土）	10月6日	理想に向けた行動をとる	人間関係の向上を目指す	銀色の指輪などの装飾品を身に着ける
14日（日）	10月7日	産土様とつながる意識でお参りをする	神様とつながる意識を持つ	金色の光をイメージする
15日（月）	10月8日	進化・発展を目指して行動する	すべてうまく行くと信じる	白いライトを点けてみる

グレゴリオ	カタカムナ	行動指針	気持ちの指針	ラッキーカラー
16日（木）	11月11日	次元上昇につなげるつもりで何かを始める	他者を批判しない	緑の野菜を食べる
17日（金）	11月12日	発信の仕方に創意工夫を加える	自分の好きなことを考える	青緑の海の映像を眺める
18日（土）	11月13日	進化しようという意識で行動する	妥協しない	青いペンで今日の予定を書く
19日（日）	11月14日	不測の事態への心構えを持ち、備えを再確認する	冷静になる	青紫の花を見つける
20日（月）	11月15日	自分軸を再確認し軸に合う言動をとる	ゴールまでの過程を大切にする	紫色のアクセサリーを身に着ける
21日（火）	11月16日	計画を立てる	太陽に感謝する	真珠を身に着ける
22日（水）	11月17日	これから行うことを産土様にご報告する	地球や自然に感謝する	銀色の小物を使う
23日（木）	11月18日	直感を信じて行動する	迷わず進む気持ちで	金色のペンで自分の望みを書き出す
24日（金）	11月19日	災害への備えの確認作業を行う	命を守ることを最優先に考える	ホワイトゴールドの宝飾品を身に着ける、または眺める
25日（土）	11月20日	やり続けていることをやめない	自己表現を大切にする	赤い野菜を食べる
26日（日）	11月21日	新しい視点が持てるようなことをする	あきらめないで対応するよう心がける	オレンジ色のものを見つける
27日（月）	11月22日	吉日なので、開運パワーを生かす行動をとる	調和を意識する	黄色い光をイメージする
28日（火）	11月23日	禊をする	実践を重視する	黄緑色のものを探す
29日（水）	11月24日	綿密に計画を練る	真剣に取り組む気持ちで	黄色い太陽の光を浴びる
30日（木）	11月25日	無理しないようにする	自分を大事にする	青緑の光をイメージする
31日（金）	11月26日	ゴールを明確にしてから始める	自己中心的にならない	青いものを見つける

2025年 **10** 月 October

グレゴリオ	カタカムナ	行動指針	気持ちの指針	ラッキーカラー
1日（水）	10月24日	欲しいもの、コトは何かをよく考えて明確にする	「できる」と信じる	黄色い小物を持つ
2日（木）	10月25日	自分軸をぶらさないためにすべきことを決める	長期的視野を持つ	黄緑の草木の香りを嗅ぐ
3日（金）	10月26日	太陽に感謝して過ごす	思いやりの意識を持つ	緑の野菜を食べる
4日（土）	10月27日	産土様とつながる意識でお参りをする	焦らない	青緑の海で泳ぐイメージをする
5日（日）	10月28日	反省すべきことを反省し次に生かす	すべてに感謝する	青い服を着る
6日（月）	11月1日	ポジティブな気持ちで何かを始める	過去の悪い行いが許されることを願う	青紫色のものを見つける
7日（火）	11月2日	満月のエネルギーを感じながら過ごす	対立したい気持ちを抑える	紫色のセオリツヒメ様の画像を見る
8日（水）	11月3日	他者を思いやる言動を	自己中心的にならない	真珠のネックレスなどのアクセサリーを身に着ける
9日（木）	11月4日	欲しい結果・成果を明確にイメージする時間を持つ	次元上昇を願う	銀色の食器を使う
10日（金）	11月5日	主体的に行動する	自分の抱く理想について意識する	金色のものを身に着ける
11日（土）	11月6日	太陽の光を浴びてエネルギーを感じてみる	自分に厳しく	自然の中にホワイトゴールド色があるのを見つける
12日（日）	11月7日	食べものから命をつなげることを意識して食事する	食べものの命を頂いて自分が生きていることに感謝する	赤い服か下着を身に着ける
13日（月）	11月8日	発展を目指して行動する	あきらめない	下丹田（おへその下）にオレンジ色の光を感じる
14日（火）	11月9日	もっと上を目指した行動をとる	複雑に考えない	黄色い光の映像を眺める
15日（水）	11月10日	「理想は実現できる」と口に出す	今の環境に感謝する	産土様の神社で黄緑色の植物を見つける

グレゴリオ	カタカムナ	行動指針	気持ちの指針	ラッキーカラー
16日（日）	12月14日	成果を得るための行動をする	人をうらやむ意識を持たない	真珠を着けている人を見つける
17日（月）	12月15日	自分軸を再確認し言動を軌道修正する	命を頂いて生きていることに感謝する	銀色のものを使用する
18日（火）	12月16日	自分の理想を人に伝えてみる	人に共感する	金色のものを買う
19日（水）	12月17日	産土様とつながる意識でお参りをする	進化しようという意欲を持つ	ホワイトゴールド色を見つける
20日（木）	12月18日	理想を大切にした行動をする	新月の力を取り入れることを意識する	赤い靴または靴下を履く
21日（金）	12月19日	災害への覚悟を持ち備える	謙虚な気持ちで過ごす	オレンジ色のものを見つける
22日（土）	12月20日	行動を継続する	日々のくらしを大事にする気持ちで	黄色い服を着る
23日（日）	12月21日	変化を起こすことを考え、実行する	今年一年を振り返ってみる	黄緑色のものを見つける
24日（月）	12月22日	玄米を食べる	バランスを大事にする	緑の植物を眺める
25日（火）	12月23日	今年の最後に向けてできることを始める	禊を意識する	青緑の絵を見る
26日（水）	12月24日	今までの成果を振り返って評価する	真剣に取り組んでみる	青いアクセサリーを身に着ける
27日（木）	12月25日	自分軸を見直し、軸に合った言動をとる	謙虚さを忘れない	青紫の花を見る
28日（金）	12月26日	理想を明確にした上ですべきことを決める	人の意見を聞くよう心がける	紫色の服を着る、または見つける
29日（土）	12月27日	食べものの命を身体に入れるつもりで、感謝して食事する	命があり生かされていることを神様に感謝する	真珠の実物または画像・映像を眺める
30日（日）	12月28日	今年を振り返り反省すべき点を反省する	努力しようという気持ちを新たにする	銀色の宝飾品を身に着ける

2025年11月 November

グレゴリオ	カタカムナ	行動指針	気持ちの指針	ラッキーカラー
1日（土）	11月27日	神様に感謝して過ごす	見えない世界とつながる意識を持つ	青紫のカップを使う
2日（日）	11月28日	反省すべきことを反省し次に生かす	次元上昇することを願う	紫色の服を着る、または探す
3日（月）	12月1日	産土様にお参りする	明るい気分で過ごす	真珠の実物または画像・映像を眺める
4日（火）	12月2日	ケンカをしない、争わない	人への貢献を意識する	銀色の宝飾品を身に着ける
5日（水）	12月3日	命を有り難く頂く気持ちで食事する。玄米を食べる	満月のエネルギーを身体に入れることを意識する	金色の光をイメージする
6日（木）	12月4日	本気で成果を出すことを考えて動く	コミュニケーションを大事にする	ホワイトゴールドの光の映像を眺める
7日（金）	12月5日	自分の思いを人に伝える	人に自分を知ってもらうことを心がける	赤いものを身に着ける
8日（土）	12月6日	理想を確認して行動につなげる	自分に厳しくする	オレンジジュースを飲む
9日（日）	12月7日	産土様にお願いをする	心に余裕を持つ	黄色い花を見る、見つける
10日（月）	12月8日	発展を目指してコミュニケーションを取る	冷静さを保つ	産土様の神社で黄緑の葉を見つける
11日（火）	12月9日	途中で妥協せずもうひと踏ん張りする	複雑に考えない	光の色を意識して日光浴を楽しむ
12日（水）	12月10日	有り難いと思うことを見つけて感謝する	深く考え込まない	深海の写真または映像を眺める
13日（木）	12月11日	気合を入れて何かを始める	自分の役割を果たすつもりで	青い服または下着を身に着ける
14日（金）	12月12日	考えを発信する	英気を養うことを心がける	青紫の花（写真でも良い）を見る
15日（土）	12月13日	進化を目指した発信をする	理想は叶うと信じる	紫色のものを身に着ける

グレゴリオ	カタカムナ	行動指針	気持ちの指針	ラッキーカラー
16日（火）	13月16日	できる限り頑張ってみる	理想的な結果を願う	赤い靴または靴下を履く
17日（水）	13月17日	産土様にお参りする	熟考を心がける	オレンジ色のものを食べる
18日（木）	13月18日	不測の事態への心構えを持ち、覚悟と備えをする	いつ人生が終わっても後悔しないくらいの気持ちで	黄色い服を着る
19日（金）	13月19日	ネガティブな出来事が起こると覚悟を持って行動する	心を落ち着かせることを意識する	黄緑色のものを見つける
20日（土）	13月20日	これから新しく始めることを決める	自分に自信を持つ	緑の植物を眺める
21日（日）	13月21日	来年に向けて昨日決めた新しいことを始める	未来への希望を感じる	青緑の絵を見る
22日（月）	13月22日	冬至のエネルギー変化（陰→陽）を感じて過ごす	人に共感するようにしてみる	青いアクセサリーを身に着ける
23日（火）	13月23日	禊をする	命の有り難さを感じる	青紫の花を見る
24日（水）	13月24日	一年を振り返り、反省すべき点を反省する	身体を休めることを意識する	紫色のものを身に着ける
25日（木）	13月25日	自分軸を再確認し、言動を軌道修正する	自我を出すことはひかえる	真珠を身に着ける、または見る
26日（金）	13月26日	来年を理想の年にするためにすべきことを考え出す	自己中心的にならない	銀色の小物を使う
27日（土）	13月27日	一年を振り返り神様に感謝することを挙げる	心を落ち着かせることを意識する	金色のものを身に着けた人を見つける
28日（日）	13月28日	産土様に今年一年過ごせた感謝の気持ちを伝える	来年も努力すると決意する	ホワイトゴールド色のものの実物または画像を見る
29日（月）	1月1日	来年どのような変化を起こしたいか考える	前向きに過ごす	赤い文房具を使う
30日（火）	1月2日	新年に向けてクリアリングする	客観的に見るようにする	オレンジ色の服を着る、小物を持つ
31日（水）	1月3日	ネガティブな感情は持たずに過ごす	命があることに感謝する	黄色い花を飾る、眺める

2025年12月 December

グレゴリオ	カタカムナ	行動指針	気持ちの指針	ラッキーカラー
1日（月）	13月1日	産土様にお参りする	一年の有終の美を飾ることを意識する	金色の光をイメージする
2日（火）	13月2日	人と語り合う	貢献の意識を持つ	ホワイトゴールドの光の映像を眺める
3日（水）	13月3日	命を大切にした行動をとる	命の大切さを認識する	赤いものを身に着ける
4日（木）	13月4日	結果を出すよう努める	自分が自分の人生の責任者だと自覚する	オレンジジュースを飲む
5日（金）	13月5日	エネルギーを蓄える	人に左右されないようにする	黄色い花を見る、見つける
6日（土）	13月6日	4連続一粒万倍日を意識して新しく始めることを考える	目標を持つ	産土様の神社で黄緑の葉を見つける
7日（日）	13月7日	4連続一粒万倍日を意識して新しく始めることを考える	ゆったりと考える	光の色を意識して日光浴を楽しむ
8日（月）	13月8日	4連続一粒万倍日を意識して新しく始めることを考える	焦らない	深海の写真または映像を眺める
9日（火）	13月9日	4連続一粒万倍日を意識して新しく始めることを考える	シンプルに考える	青い服または下着を身に着ける
10日（水）	13月10日	すべてに感謝して過ごす	必要なものはすべて持っていると自覚する	青紫の花（写真でも良い）を見る
11日（木）	13月11日	次元上昇を目指して行動する	命を精一杯使い切る気持ちで	紫色のものを身に着ける
12日（金）	13月12日	一年で得た成果について人に伝える	良い部分を素直に評価する	真珠を着けている人を見つける
13日（土）	13月13日	大きな進化を目指した行動をとる	細かいことは気にしない	銀色のものを使用する
14日（日）	13月14日	理想に向かって歩みを進める	欲しい成果を明確にイメージする	金色のものを買う
15日（月）	13月15日	自分軸を再確認し、言動を軌道修正する	プロセスを重視する	ホワイトゴールドのものを見つける

グレゴリオ	カタカムナ	行動指針	気持ちの指針	ラッキーカラー
16日（金）	1月19日	地球や大地に感謝して過ごす	協調性を持つ	青緑の海の映像を眺める
17日（土）	1月20日	見えない力を信じて行動する	判断は慎重にする	青いものを身に着ける
18日（日）	1月21日	変化しようと決意し実行に移す	長期的に考える	青紫の花の写真、映像を見る
19日（月）	1月22日	浄化を意識し、新月のエネルギーを受け取る	浄化されるイメージをする	紫色のものを見つける
20日（火）	1月23日	禊をする	基礎を大事にする	真珠色の光をイメージする
21日（水）	1月24日	成果を上げるために会うべき人に会う	積極性を意識する	銀色のアクセサリーを身に着ける
22日（木）	1月25日	自分軸を見直し、軸に合った言動をとる	客観的に物事を見るようにする	金色の筆記具を使う
23日（金）	1月26日	理想のために何をすべきか考察する	できないと思う気持ちを手放す	ホワイトゴールドの光の映像を眺める
24日（土）	1月27日	自分の理想を見つめ直す	謙虚さを忘れない	赤い花を飾る
25日（日）	1月28日	反省すべきことを反省し次に生かす	人と仲良くするよう心がける	オレンジ色の小物を置く
26日（月）	2月1日	神様とつながる意識で産土様にお参りする	努力を持続させることを決意する	黄色いランプを使う
27日（火）	2月2日	二極に偏らず調和に向かうことを目指して行動する	知識習得への意欲を持つ	黄緑のブックカバーを使う
28日（水）	2月3日	ゆっくりと内省し命に感謝する時間を持つ	謙虚な態度を心がける	緑色の服を着るか緑色の靴を履く
29日（木）	2月4日	これから始めることを一生懸命考え出す	新しいことに挑む気持ちで	青緑の画像を検索する
30日（金）	2月5日	自分のこれまでを振り返って評価する	人を思いやる心を持つ	青いかばんや小物を持つ、または探す
31日（土）	2月6日	理想に向かっているかどうかの確認作業をする	創造的な心を育むよう意識する	青紫のシャツを着ている人を見つける

2026年 1月　January

グレゴリオ	カタカムナ	行動指針	気持ちの指針	ラッキーカラー
1日（木）	1月4日	今年すべきことを考える時間をとる	気持ちを新たにする	黄緑の葉に触れる
2日（金）	1月5日	良い一年にするためにできることを始める	人を思いやる心を持つ	緑茶を飲む
3日（土）	1月6日	満月の日を楽しんで過ごす	楽しい感覚を味わう	青緑色のものを見つける
4日（日）	1月7日	命があることに感謝しながら過ごす	柔軟な思考を心がける	青いペンで願いを書く
5日（月）	1月8日	得たい成果をイメージして動く	自制する	青紫色のものを見つける
6日（火）	1月9日	新しいプロジェクトを始める	冷静さを心がける	紫の炎をイメージする
7日（水）	1月10日	すべてが満たされていることに心から感謝して過ごす	すべての人・もの・コトに感謝する	真珠の実物または写真を見る
8日（木）	1月11日	次元上昇を意識して行動する	明るく前向きに	銀色のスプーンかフォークかナイフを使う
9日（金）	1月12日	内省し自己を見つめ直す	金銭感覚に意識を向けてみる	金色のものを見つける
10日（土）	1月13日	責任感を持って行動する	自己責任の意識を持つ	ホワイトゴールドのものを探してみる
11日（日）	1月14日	得たい成果を明確にして活動計画を練る	ものに感謝する	赤いペンで予定を書く
12日（月）	1月15日	自分軸について考え、軸に沿った言動をとる	大局を見る視点を持つ	オレンジ色のタオルを使う
13日（火）	1月16日	意識してエネルギーをチャージする	忍耐強く過ごす	黄色いものを見つける
14日（水）	1月17日	やってみたいと思ったことに挑戦する	「これでいい」と肯定する	黄緑色のものを見つける
15日（木）	1月18日	神様とつながる意識で産土様にお参りする	平和の大切さを認識する	緑の観葉植物を置く、または眺める

グレゴリオ	カタカムナ	行動指針	気持ちの指針	ラッキーカラー
16日（月）	2月22日	目標に向かって努力する	最悪の状況を想定して備える	銀色のペンダントを身に着ける、または探す
17日（火）	2月23日	新しいプロジェクトを始める	自信を持つ	金色の装飾品を身に着けている人を見つける
18日（水）	2月24日	家族と過ごす時間を作る	家族の絆の大切さを感じる	白いシャツを着る
19日（木）	2月25日	自分軸について考え、軸に沿った言動をとる	気持ちを新たにする	赤いカップで熱いものを飲む
20日（金）	2月26日	不測の事態への覚悟を持ち、備えを見直す	知識欲を満たす気持ちで	オレンジ色の小物を身に着ける
21日（土）	2月27日	命あることを産土様に感謝して過ごす	遠くにある目標に焦点を当てる	黄色い付箋を使う
22日（日）	2月28日	反省すべきことを反省し次に生かす	チャンスを生かす心づもりで	黄緑色のものを家の中で見つける
23日（月）	3月1日	早寝早起きを心がける	体調を整えることを優先する	緑色の服を着る
24日（火）	3月2日	理想に向かって進むためにすべきことを考案する	理想を大事にする	青緑色のものを見つける
25日（水）	3月3日	新しいプランを練り始める	リフレッシュを意識する	青い靴を履く
26日（木）	3月4日	クリエイティブな作業をする	アイデアを形にする気持ちで	青紫の色をネットで見つける
27日（金）	3月5日	過去の成功を振り返って評価分析する	感謝の気持ちを忘れない	紫色の入っている服を着る
28日（土）	3月6日	理想に向かって進むためにすべきことを考え出す	命があるのが当たり前ではないことを改めて意識する	真珠のネックレスを身に着ける

2026年 2月　February

グレゴリオ	カタカムナ	行動指針	気持ちの指針	ラッキーカラー
1日（日）	2月7日	命あることに感謝し産土様にお参りする	自信を持って前進する心意気で	紫色のものを身に着ける
2日（月）	2月8日	仕事で大きな一歩を踏み出してみる	満月のパワーを取り入れることを意識する	貝の中に入っている真珠の画像・映像を眺める
3日（火）	2月9日	節分の日。「鬼は内、福は内」と言って豆まきをする	穏やかな気持ちを保つ	銀色の小物を持つ
4日（水）	2月10日	立春という新たな年の始まりの日なので、新年のスタートを意識して行動する	気持ちを新たにする	金色のものを見つける
5日（木）	2月11日	友人と連絡を取る	コミュニケーションを大切にする	白いカップを使う
6日（金）	2月12日	瞑想やヨガをする	人間関係を大事にする	赤い紐を結んでみる
7日（土）	2月13日	大きな買い物は避ける	慎重な判断を心がける	オレンジ味のものを食べる、飲む
8日（日）	2月14日	新しいことを学び始める	学ぶ喜びを感じる	黄色いものを身に着ける
9日（月）	2月15日	大掃除をする	スッキリした気持ちを味わう	黄緑の服を着る、または探す
10日（火）	2月16日	写真を整理する	思い出に浸ってみる	緑の葉を付けた木に触れてみる
11日（水）	2月17日	産土様にお参りする	自然を感じる	青緑色のものを見つける
12日（木）	2月18日	理想の実現へ向けてのお導きを産土様にお願いする	神様とつながる意識を持つ	青いものを身に着ける
13日（金）	2月19日	新たな状況に備え準備する	状況が変化することに覚悟を持つ	青紫色のものを見つける
14日（土）	2月20日	趣味の時間を大切に過ごす	自分の中の創造性を解放する	紫をイメージしてセオリツヒメ様にお祈りする
15日（日）	2月21日	人との約束は避ける	自己中心的にならない	真珠のアクセサリーを身に着ける、または眺める

グレゴリオ	カタカムナ	行動指針	気持ちの指針	ラッキーカラー
16日（月）	3月22日	二極化に向かっていないかどうかの確認作業をする	人に共感してみる	白いタオルを使う
17日（火）	3月23日	「行動の月」である4月に向けて新しいことを始める	命があることに感謝する	赤い服を着る
18日（水）	3月24日	前向きに行動する	氣の領域の力を信じる	オレンジ色を家の外で見つける
19日（木）	3月25日	新月にお願いごとをする	新月のエネルギーを感じる	黄色い小物を持つ
20日（金）	3月26日	宇宙元旦の日。新しい年の始まりを祝い、「行動する」と決意する	実情を把握し対応を心がける	黄緑の草木の香りを嗅ぐ
21日（土）	3月27日	神様に感謝して過ごす	希望を持ち、「できる」と信じる	緑の野菜を食べる
22日（日）	3月28日	反省すべきことを反省し次に生かす	他者との調和を大事にする	青緑の海で泳ぐイメージを抱く
23日（月）	4月1日	神様とつながる意識を持ち産土様にお参りする	努力を持続するよう心がける	青い服を着る
24日（火）	4月2日	二極化に向かうのを避け、調和を目指しながら過ごす	一粒万倍日なので、そのエネルギーを生かすことを意識する	青紫色のものを見つける
25日（水）	4月3日	禊をする	人への感謝を忘れない	紫色のセオリツヒメ様の画像を見る
26日（木）	4月4日	考えすぎずシンプルに行動に移す	状況が改善し悩みが解消されると信じる	真珠のアクセサリーを身に着ける
27日（金）	4月5日	自分のこれまでを振り返る時間を持つ	他者を思いやる心を持つ	銀色の食器を使う
28日（土）	4月6日	明日から何を始めるか決める（まだ始めない）	浄化されるところをイメージする	金色のものを身に着ける
29日（日）	4月7日	昨日決めたことを始める	見えない力を意識する	自然の中にホワイトゴールド色があるのを見つける
30日（月）	4月8日	新たなアイデアを探求する	創造的な思考を楽しむ	赤い服か下着を身に着ける
31日（火）	4月9日	新しいことを始め、挑戦する	希望に満ちた気持ちで	下丹田（おへその下）にオレンジ色の光を感じる

2026年3月 March

グレゴリオ	カタカムナ	行動指針	気持ちの指針	ラッキーカラー
1日（日）	3月7日	産土様にお参りする	希望を持つ	銀色の指輪などの装飾品を身に着ける
2日（月）	3月8日	進化を意識して積極的に行動を起こす	自信を持つ	金色の光をイメージする
3日（火）	3月9日	月光浴をする	内面を磨くことを心がける	白いライトを点けてみる
4日（水）	3月10日	他者との和に重きを置いて行動する	人間関係に注意を払う	屋外で赤い色を見つける
5日（木）	3月11日	創造的な活動に取り組む	自己の持つ創造性を信じる	オレンジ色の食品をとる
6日（金）	3月12日	自分の現状を人に伝える	穏やかな心を保つ	黄色い花を見つける
7日（土）	3月13日	命を大事に思いながら過ごす	大局を見る視点を持つ	黄緑の葉に触る
8日（日）	3月14日	理想に向かって歩みを進める	欲しい成果を明確にイメージする	緑色の服か小物を身に着ける
9日（月）	3月15日	自分軸に沿っているか考え、言動を軌道修正する	客観的に物事を見るようにする	青緑の海をイメージする
10日（火）	3月16日	責任感を持って行動する	自己責任の意識を持つ	青いペンで計画を書く
11日（水）	3月17日	人に伝えたいことを伝える	地球に対して感謝の心を持つ	青紫色のものを見つける
12日（木）	3月18日	発展を目指して新しいことをする	大局を見る視点を持つ	紫の炎をイメージする
13日（金）	3月19日	命がいつか終わることに覚悟を持って今すべきことをする	できるだけ我慢する	真珠色のものを見つける
14日（土）	3月20日	徹底して怒らないようにする	長期的視野を持つ	家の外に銀色があるのを見つける
15日（日）	3月21日	今後の計画を立てる	ポジティブに考える	金色の光に包まれたところをイメージする

グレゴリオ	カタカムナ	行動指針	気持ちの指針	ラッキーカラー
16日（木）	4月25日	自分軸を再確認し、言動を軌道修正する	「これでいい」と肯定する	黄色い太陽の光を浴びる
17日（金）	4月26日	不測の事態への心構えと覚悟を持ち、備えを再確認する	心穏やかに過ごす	青緑の光をイメージする
18日（土）	4月27日	神様にお願いをする	前向きな姿勢を保つ	青いものを見つける
19日（日）	4月28日	禊を意識して浄化になることをする	客観的に物事を見るようにする	青紫のカップを使う
20日（月）	5月1日	理想の実現に向けてできることを実践する	実情を把握し対応を心がける	紫色の服を着る、または探す
21日（火）	5月2日	人の意見をよく聞くようにする	人に共感する	真珠の実物または画像・映像を眺める
22日（水）	5月3日	命を大事に思って過ごす	他者との調和を大切にするつもりで	銀色の宝飾品を身に着ける
23日（木）	5月4日	結果を得ることを意識して何かに挑戦する	物質的な成果が得られるよう願う	金色の光をイメージする
24日（金）	5月5日	自分のこれまでを振り返る時間を持つ	他者を思いやる心を持つ	ホワイトゴールドの光の映像を眺める
25日（土）	5月6日	最高の理想とは何か思索する	人間関係の向上を目指す	赤いものを身に着ける
26日（日）	5月7日	考えすぎずシンプルに行動に移す	神様とつながる意識を持つ	オレンジジュースを飲む
27日（月）	5月8日	進化・発展のために必要なことは何か考察する	得たい成果を明確にイメージする	黄色い花を見る、見つける
28日（火）	5月9日	今きわめたいことは何であるか考え実践する	柔軟に考える	産土様の神社で黄緑の葉を見つける
29日（水）	5月10日	すべてに感謝して過ごす	他者を尊重する気持ちで	光の色を意識して日光浴を楽しむ
30日（木）	5月11日	次元上昇をイメージする時間を持つ	ネガティブ思考を避ける	深海の写真または映像を眺める

2026年4月 April

グレゴリオ	カタカムナ	行動指針	気持ちの指針	ラッキーカラー
1日（水）	4月10日	産土様にお参りする	理想を大事にする	黄色い光の映像を眺める
2日（木）	4月11日	月光浴をする	エネルギーがたまったことを感じる	産土様の神社で黄緑色の植物を見つける
3日（金）	4月12日	自分の思いを発信する	内面を磨くことを心がける	緑の野菜を食べる
4日（土）	4月13日	他者との和に重きを置いて行動する	人間関係に注意を払う	青緑の海の映像を眺める
5日（日）	4月14日	新たに始めるべきことを考える	謙虚に物事を考える	青いペンで今日の予定を書く
6日（月）	4月15日	思考を整理し、計画を立てる	穏やかな心を保つ	青紫の花を見つける
7日（火）	4月16日	誤解が解消されるよう努力する	明るい対応を心がける	紫色のアクセサリーを身に着ける
8日（水）	4月17日	温めていたプランを実行する	神様に感謝する	真珠のアクセサリーを身に着ける
9日（木）	4月18日	小さな成功体験が積み重ねられるよう努力する	堅実な進歩を目指す	銀色の小物を使う
10日（金）	4月19日	責任感を持って行動する	自己責任の意識を持つ	金色のペンで自分の望みを書き出す
11日（土）	4月20日	小さくても継続できそうなことを始める	理想に向かっていく気持ちで	ホワイトゴールドの宝飾品を身に着ける、または眺める
12日（日）	4月21日	言葉と行動を一致させる	変わろうと決心する	赤い野菜を食べる
13日（月）	4月22日	意識してエネルギーをチャージする	忍耐強く過ごす	オレンジ色のものを見つける
14日（火）	4月23日	徹底して怒らないようにする	長期的視野を持つ	黄色い光をイメージする
15日（水）	4月24日	玄米を食べる	協調性を大事にする	黄緑色のものを探す

グレゴリオ	カタカムナ	行動指針	気持ちの指針	ラッキーカラー
16日（土）	5月27日	命に感謝して産土様にお参りする	自信を持って前進する心意気で	紫色のものを身に着ける
17日（日）	5月28日	反省すべきことを反省する	希望を持つ	真珠を身に着ける、または見る
18日（月）	6月1日	反省を生かして行動する	前向きに考える	銀色の小物を使う
19日（火）	6月2日	自分の理想について人に伝える	人の良いところを見つけるようにする	金色のものを身に着けた人を見つける
20日（水）	6月3日	先祖供養になりそうなことをする	神様に感謝する	ホワイトゴールドのジュエリーの実物または画像を見る
21日（木）	6月4日	成果を出すための行動をとる	精神を穏やかに保つ	赤いものを身に着ける
22日（金）	6月5日	自分のこれまでを振り返る時間を持つ	他者を思いやる心を持つ	オレンジジュースを飲む
23日（土）	6月6日	好きな人とお互いの理想について話す	楽しい感覚を味わう	黄色い花を飾る
24日（日）	6月7日	産土様にお参りする	今の環境に感謝する	光の色を意識して日光浴を楽しむ
25日（月）	6月8日	ケンカせず、平和を保つよう努める	自己規律を守る気持ちで	緑茶を飲む
26日（火）	6月9日	自分にとって最高の状態とは何か思索する	見えない領域とのつながりを意識する	海の写真を見る
27日（水）	6月10日	すべてを許すと決めて実践する	何があっても驚かないようにする	青い服を着る
28日（木）	6月11日	命について考える時間を持つ	意識的にリラックスする	青紫の花（写真でも良い）を見る
29日（金）	6月12日	今抱えている問題の解決に向けて動く	明るく前向きに	紫色のものを身に着ける
30日（土）	6月13日	何か新しいことをする	長期的視野を持つ	真珠を身に着ける、または見る
31日（日）	6月14日	月光浴をする	理想は叶うと信じる	銀色のものを使用する

2026年5月　May

グレゴリオ	カタカムナ	行動指針	気持ちの指針	ラッキーカラー
1日（金）	5月12日	調和を大事にして過ごす	他者に批判的にならない	青い服または下着を身に着ける
2日（土）	5月13日	満月で一粒万倍日なので、必ず新しいことを始める	自信を持つ	青紫の花（写真でも良い）を見る
3日（日）	5月14日	物質的な願望を口に出してみる	希望は叶うことを信じる	紫色のものを身に着ける
4日（月）	5月15日	産土様にゆるしを請う	自分軸を意識する	真珠を身に着けている人を見つける
5日（火）	5月16日	玄米を食べる	理想を追求する気持ちで	銀色のものを使用する
6日（水）	5月17日	一粒万倍日に始めたことを産土様にご報告する	落ち着きを保つ	金色のものを買う
7日（木）	5月18日	理想の実現へ向けてお導きいただくよう産土様にお願いする	神様とつながる意識を持つ	ホワイトゴールド色のものを見つける
8日（金）	5月19日	災害が起きることに覚悟の気持ちを抱き、備えを万全にする	大丈夫だと信じる	赤い靴または靴下を履く
9日（土）	5月20日	継続できていることに感謝しながら過ごす	すべてが満たされていることに感謝する	オレンジ色のものを食べる
10日（日）	5月21日	くらしに変化を求めて行動に移す	自己責任の意識を持つ	黄色い服を着る
11日（月）	5月22日	二極に偏らないように意識して行動する	人の気持ちを思いやる	黄緑色のものを見つける
12日（火）	5月23日	禊をする	エネルギーがチャージできたことを感じる	緑の植物を眺める
13日（水）	5月24日	欲しいもの、コトは何かをよく考えて明確にする	「できる」と信じる	青緑の絵を見る
14日（木）	5月25日	自分軸からぶれないようにする	長期的視野を持つ	青いアクセサリーを身に着ける
15日（金）	5月26日	太陽に感謝しながら過ごす	協調性を大事にする	青紫の花を見る

グレゴリオ	カタカムナ	行動指針	気持ちの指針	ラッキーカラー
16日（火）	7月2日	災害があることも想定して動く	覚悟を新たにする	赤い文房具を使う
17日（水）	7月3日	食べものの命を有り難く頂く気持ちで食事する	自然の大切さに思いを馳せる	オレンジ色の服を着る、小物を持つ
18日（木）	7月4日	考えすぎずシンプルに行動に移す	地球に感謝する	黄色い花を飾る、眺める
19日（金）	7月5日	自分軸を見直し、軸に合った言動をとる	まず自分から始める意識で	黄緑の葉に触れる
20日（土）	7月6日	新たな趣味を探索する	創造的な心を育むつもりで	緑茶を飲む
21日（日）	7月7日	命があり生かされていることを産土様に感謝する	自信を持って前進する心意気で	青緑色のものを見つける
22日（月）	7月8日	仕事面で大きな一歩を踏み出す	決断に迷わない	青いペンで願いを書く
23日（火）	7月9日	リラックスする時間を設ける	始めることが大事だと自覚する	青紫色のものを見つける
24日（水）	7月10日	最高の吉日なので、その日を迎えていることに感謝して行動する	すべては満ち足りていることを意識する	紫の炎をイメージする
25日（木）	7月11日	何か新しいことをする	次元上昇を願う	真珠の実物または写真を見る
26日（金）	7月12日	瞑想やヨガをする	コミュニケーションを大事にする	銀色のスプーンかフォークかナイフを使う
27日（土）	7月13日	大きな買い物は避ける	慎重な判断を心がける	金色のものを見つける
28日（日）	7月14日	芸術作品を鑑賞する	インスピレーションを感じてみる	ホワイトゴールド色のものを探してみる
29日（月）	7月15日	自分軸を大切にして過ごす	割り切ることを心がける	赤いペンで予定を書く
30日（火）	7月16日	写真を整理する	思い出に浸ってみる	オレンジ色のタオルを使う

2026年6月 June

グレゴリオ	カタカムナ	行動指針	気持ちの指針	ラッキーカラー
1日（月）	6月15日	命を大事に思いながら過ごす	大局を見る視点を持つ	金色のものを身に着ける
2日（火）	6月16日	玄米を食べる	理想は実現可能だと信じる	白い花を飾る
3日（水）	6月17日	産土様にお参りする	長期的視野を持つ	赤い靴または靴下を履く
4日（木）	6月18日	神様に感謝しながら過ごす	結果を出すと決める	オレンジ色のものを食べる
5日（金）	6月19日	始めたこと、続けていることについて振り返り、評価分析する	覚悟を持つ	黄色い服を着る
6日（土）	6月20日	見えない力を信じて行動する	習慣を大事にする	黄緑色のものを見つける
7日（日）	6月21日	自身の改善できる部分を考えてみる	自分を認める	緑の植物を眺める
8日（月）	6月22日	二極化に向かうようなことを避ける	謙虚な態度を心がける	青緑の絵を見る
9日（火）	6月23日	禊をする	命に感謝する	青いアクセサリーを身に着ける
10日（水）	6月24日	結果を求めて行動する	「これでいい」と肯定する	青紫の花を飾る
11日（木）	6月25日	自分軸を再確認し、言動を軌道修正する	客観的に物事を見るようにする	紫色のものを身に着ける
12日（金）	6月26日	理想の実現のためにすべきことを実行する	実情を把握し対応を心がける	真珠を身に着ける、または見る
13日（土）	6月27日	神様にお導きをお願いする	謙虚さを忘れない	銀色の小物を使う
14日（日）	6月28日	反省すべきことを反省し次に生かす	他者との調和を大切にする	筆記具に付いている金色の部分を見る
15日（月）	7月1日	神様とつながる意識で産土様にお参りする	新月のパワーを取り入れることを意識する	白いキャンドルを灯す

グレゴリオ	カタカムナ	行動指針	気持ちの指針	ラッキーカラー
16日（木）	8月4日	クリエイティブな作業をする	アイデアを形にする気持ちで	緑色の服を着る、または緑色の靴を履く
17日（金）	8月5日	自分軸を再確認し、言動を軌道修正する	自分の世界の中心は自分だと自覚する	青緑の画像を検索する
18日（土）	8月6日	理想に向けてどう進むべきか考察する	理想を大事にする	青いかばんや小物を持つ、または探す
19日（日）	8月7日	先祖供養になりそうなことをする	今後大きく発展するという確信の気持ちを抱く	青紫のシャツを着ている人を見つける
20日（月）	8月8日	積極的に行動を起こす	今までよりも大きく発展しようと決意する	紫色のものを身に着ける
21日（火）	8月9日	より完成を目指すよう努める	「これ以上できない」と思うまで続ける	貝の中に入っている真珠の画像・映像を眺める
22日（水）	8月10日	満ち足りていることに感謝しながら何か新しいことをする	自分の理想がどんなものかイメージする	家の外に銀色があるのを見つける
23日（木）	8月11日	次元上昇につながりそうな行動をする	人と争わないことを意識する	金色のものを見つける
24日（金）	8月12日	思考を整理し計画を立てる	コミュニケーションを大事にする	白いカップを使う
25日（土）	8月13日	誤解が解消されるよう努力する	明るい対応を心がける	赤い紐を結んでみる
26日（日）	8月14日	成果を上げることを目指して行動する	自信を持つ	オレンジ味のものを食べる、飲む
27日（月）	8月15日	自分の天命を口に出す	命について考える	黄色いものを身に着ける
28日（火）	8月16日	行動の意図を明確にした上で動く	結果を出すことにこだわってみる	黄緑の服を着る、または探す
29日（水）	8月17日	満月の光を浴びる	地球に対して感謝の心を持つ	緑の葉が付いた木に触れてみる
30日（木）	8月18日	理想に向かって行動する	大局を見ることを意識する	青緑色のものを見つける
31日（金）	8月19日	命の使い方について考え、実践する	大きな変化への覚悟を持つ	青いものを身に着ける

2026年 7月 July

グレゴリオ	カタカムナ	行動指針	気持ちの指針	ラッキーカラー
1日（水）	7月17日	地球の大地や石に触れてみる	地球があることに有り難さを感じる	黄色いものを見つける
2日（木）	7月18日	新しい知識を求めてみる	神様につながる意識を持つ	黄緑色のものを見つける
3日（金）	7月19日	災害への覚悟を持って過ごす	命があることに感謝する	緑の観葉植物を置く、または眺める
4日（土）	7月20日	途中でやめずに継続する	人に共感する	青緑の海の映像を眺める
5日（日）	7月21日	今までと違うことを考えてやってみる	変化を恐れない	青いものを身に着ける
6日（月）	7月22日	対立から調和に向かうような行動をとる	人のことを認めるようにする	青紫の花の写真、映像を見る
7日（火）	7月23日	禊になるようなことを実践する	浄化を求める気持ちで	紫色のものを見つける
8日（水）	7月24日	家族と過ごす時間を作る	家族の絆を大切にする	真珠色の光をイメージする
9日（木）	7月25日	自分軸について人に伝える	主体的に考える	銀色のアクセサリーを身に着ける
10日（金）	7月26日	新しいことに挑戦する	神様につながる意識を持つ	金色の筆記具を使う
11日（土）	7月27日	産土様にお参りする	神様につながる意識を持つ	ホワイトゴールドの光の映像を眺める
12日（日）	7月28日	反省すべきことを反省し次に生かす	チャンスを生かす意欲を持つ	赤い花を飾る
13日（月）	8月1日	これから何を始めるべきか検討する	人脈を広げることを心がける	オレンジ色の小物を置く
14日（火）	8月2日	昨日検討したことを始める	リフレッシュを意識する	黄色いランプを使う
15日（水）	8月3日	自分の命の役割とは何か考え、役割を果たすよう努める	遠くにある目標に焦点を当てる	黄緑のブックカバーを使う

グレゴリオ	カタカムナ	行動指針	気持ちの指針	ラッキーカラー
16日（日）	9月7日	産土様にお参りする	見えない力を意識する	真珠のネックレスを身に着ける
17日（月）	9月8日	新たなアイデアを探求する	創造的な思考を楽しむ	銀色の装飾品を身に着ける
18日（火）	9月9日	きわめることを目指して新しいことをする	妥協しない	金色の光をイメージする
19日（水）	9月10日	すべてに感謝して過ごす	すべてが満たされていることを自覚する	白いライトを点けてみる
20日（木）	9月11日	より良くなることを目指して行動する	命に感謝する	屋外で赤い色を見つける
21日（金）	9月12日	人のためになる発信をする	争わないことを意識する	オレンジ色の食品をとる
22日（土）	9月13日	きわめる意識で物事に取り組む	最高の日にしようと意図する	黄色い花を見つける
23日（日）	9月14日	理想について深く考えるようにする	精神的な成長を願う	黄緑の葉に触る
24日（月）	9月15日	自分軸について改めて考え、言動を見直す	命があることに感謝する	緑色の服か小物を身に着ける
25日（火）	9月16日	理想に向けて何かできることを実行に移す	明るい対応を心がける	青緑の海をイメージする
26日（水）	9月17日	産土様にお参りする	地球に対して感謝の心を持つ	青いペンで計画を書く
27日（木）	9月18日	神様から守られていることを自覚しながら過ごす	大きな進歩を目指す気持ちで	青紫色のものを見つける
28日（金）	9月19日	災害に対しての備えを再確認する	何があっても大丈夫だと信じる	紫の炎をイメージする
29日（土）	9月20日	小さくても継続できそうなことを始める	日々のくらしも大事なことだと認識する	真珠色のものを見つける
30日（日）	9月21日	今までと違うことに挑戦してみる	変化しようと決意する	家の外に銀色があるのを見つける
31日（月）	9月22日	人のことを批判しない、攻撃しない	普段より行動をつつしむ気持ちで	金色の光に包まれたところをイメージする

2026年**8**月 **August**

グレゴリオ	カタカムナ	行動指針	気持ちの指針	ラッキーカラー
1 日（土）	**8**月**20**日	やめずに続ける	怒らない	青紫色のものを見つける
2 日（日）	**8**月**21**日	大きな結果を出すために行動する	変化を喜ぶ	紫をイメージしてセオリツヒメ様にお祈りする
3 日（月）	**8**月**22**日	理想の実現に向けてできることを実行する	人の良い面を見る	真珠のアクセサリーを身に着ける、または見る
4 日（火）	**8**月**23**日	禊について考えたことを実践する	希望を持つ	銀色のペンダントを身に着ける、または探す
5 日（水）	**8**月**24**日	前向きに行動する	氣の領域の力を信じる	金色の装飾品を身に着けている人を見つける
6 日（木）	**8**月**25**日	自分軸に沿っているか考え、言動を軌道修正する	客観的に物事を見るようにする	白いシャツを着る
7 日（金）	**8**月**26**日	理想のために何をすべきか考察する	実情を把握し対応を心がける	赤いカップで熱いものを飲む
8 日（土）	**8**月**27**日	命に感謝して食べものを頂く	神様につながる意識を持つ	オレンジ色の小物を身に着ける
9 日（日）	**8**月**28**日	反省すべきことを見つけ反省する	発展をイメージする	黄色い付箋を使う
10 日（月）	**9**月**1**日	神様とつながる意識を持って産土様にお参りする	「すべてはひとつである」というワンネスの意識を持つ	黄緑色のものを家の中で見つける
11 日（火）	**9**月**2**日	自分の理想を人に伝える	人の良いところを見つけるようにする	緑色の服を着る
12 日（水）	**9**月**3**日	命に感謝し、命を大事にして過ごす	人への感謝を忘れない	青緑色のものを見つける
13 日（木）	**9**月**4**日	習い事を始めて新しいことを学ぶ	新月のパワーを取り入れることを意識する	青い靴を履く
14 日（金）	**9**月**5**日	自分軸を再確認し、言動を軌道修正する	天命を意識する	青紫の色をネットで見つける
15 日（土）	**9**月**6**日	災害が起こった場合を想定し備えをする	「命さえあれば大丈夫」と考える	紫色の入っている服を着る

グレゴリオ	カタカムナ	行動指針	気持ちの指針	ラッキーカラー
16日（水）	10月10日	すべてが満たされていることに心から感謝して過ごす	すべての人・もの・コトに感謝する	下丹田（おへその下）にオレンジ色の光を感じる
17日（木）	10月11日	次元上昇を目指して行動する	「すべてはひとつである」というワンネスの意識を持つ	黄色い光の映像を眺める
18日（金）	10月12日	自分が何者であるかを宣言する	コミュニケーションを大事にする	産土様の神社で黄緑色の植物を見つける
19日（土）	10月13日	新しく始めたことを産土様にご報告する	進化していることを自覚する	緑の野菜を食べる
20日（日）	10月14日	今物質的に必要なことは何であるかを明確にする	理想は実現できると信じる	青緑の海の映像を眺める
21日（月）	10月15日	天命を再確認し、天命に向かって進むようにする	自分軸を大事に考える	青いペンで今日の予定を書く
22日（火）	10月16日	安易な行動はつつしむ	理想を追求するつもりで	青紫の花を見つける
23日（水）	10月17日	産土様に喜んでいただけるような行動をとる	今の環境に感謝する	紫色のアクセサリーを身に着ける
24日（木）	10月18日	進化・発展を目指して行動する	イライラしない	真珠を身に着ける
25日（金）	10月19日	災害への備えの確認作業を行う	命を守ることを最優先に考える	銀色の小物を使う
26日（土）	10月20日	新しい習慣にしたいことを始める	継続しようと決意する	金色のペンで自分の望みを書き出す
27日（日）	10月21日	日々のくらしに変化を求めて行動する	満月の力を自分の中に取り入れる感覚で	ホワイトゴールドの宝飾品を身に着ける、または眺める
28日（月）	10月22日	人の意見を聞く	自己主張をひかえる	赤い野菜を食べる
29日（火）	10月23日	生物に触れて命を感じる	エネルギーがチャージできたと信じる	オレンジ色のものを見つける
30日（水）	10月24日	欲しいもの、コトは何かをよく考えて明確にする	「できる」と信じる	黄色い光をイメージする

2026年9月 September

グレゴリオ	カタカムナ	行動指針	気持ちの指針	ラッキーカラー
1日（火）	9月23日	禊をする	命の有り難さを感じる	白いタオルを使う
2日（水）	9月24日	成果を上げるために行動に工夫を加える	あきらめない	赤い服を着る
3日（木）	9月25日	自分軸に合った何かを実行に移す	神様とつながる意識を持つ	オレンジ色を家の外で見つける
4日（金）	9月26日	自分の理想を再確認し実現に向けて動く	「できる」と信じる	黄色い小物を持つ
5日（土）	9月27日	神様にお願いをする	命を大事に思う	黄緑の草木の香りを嗅ぐ
6日（日）	9月28日	今までの反省を踏まえて何か新しい行動をする	客観的に物事を見るようにする	緑の野菜を食べる
7日（月）	10月1日	産土様とつながる意識でお参りをする	満たされていることに感謝する	青緑の海で泳ぐイメージをする
8日（火）	10月2日	対立をしない	理想に向かうことを意識する	青い服を着る
9日（水）	10月3日	今の状況を振り返り、反省すべき点を反省する	命を大事に思う	青紫色のものを見つける
10日（木）	10月4日	できるだけ我慢する	物質的な成果が得られるよう願う	紫色のセオリツヒメ様の画像を見る
11日（金）	10月5日	新月のパワーを感じて受け取る	自分軸を大事にする	真珠のアクセサリーを身に着ける
12日（土）	10月6日	理想について考える時間を持つ	人間関係の向上を目指す	銀色の食器を使う
13日（日）	10月7日	命があることを産土様に感謝して過ごす	神様とつながる意識を持つ	金色のものを身に着ける
14日（月）	10月8日	進化・発展を目指して何かに挑戦	すべてうまく行くと信じる	自然の中にホワイトゴールド色があるのを見つける
15日（火）	10月9日	物事をきわめることを意識して行動する	もっと上に行くことを目指す	赤い服か下着を身に着ける

グレゴリオ	カタカムナ	行動指針	気持ちの指針	ラッキーカラー
16日（金）	11月12日	発信の仕方を工夫してみる	他者を批判しない	深海の写真または映像を眺める
17日（土）	11月13日	進化につながることをする	妥協しない	青い服または下着を身に着ける
18日（日）	11月14日	成果を上げることを意識し実践する	ネガティブ思考にならないようにする	青紫の花（写真でも良い）を見る
19日（月）	11月15日	自分軸を見直し、軸に合った言動をとる	命に感謝する	紫色のものを身に着ける
20日（火）	11月16日	今後の計画を立てる	太陽に感謝して過ごす	真珠を着けている人を見つける
21日（水）	11月17日	産土様にお守りいただくようお願いする	地球や自然に感謝する	銀色のものを使用する
22日（木）	11月18日	理想の実現に向けたお導きを産土様にお願いする	神様とつながる意識を持つ	金色のものを買う
23日（金）	11月19日	新たな災害への備えを進める	これから何が起きてもおかしくないと想定し、覚悟を持つ	ホワイトゴールド色を見つける
24日（土）	11月20日	やり続けていることをやめない	自己表現を大切にする	赤い靴または靴下を履く
25日（日）	11月21日	新しい視点から見るよう努める	あきらめず対応するよう心がける	オレンジ色のものを見つける
26日（月）	11月22日	満月の一粒万倍日であることを意識して行動する	調和を重視する	黄色い服を着る
27日（火）	11月23日	禊をする	考えることに集中する	黄緑色のものを見つける
28日（水）	11月24日	綿密に計画を練る	物事に真剣に取り組む気持ちで	緑の植物を眺める
29日（木）	11月25日	無理をしない	自分を大事にする	青緑の絵を見る
30日（金）	11月26日	ゴールを明確にし、そのゴールに向かって進む	自己中心的にならない	青いアクセサリーを身に着ける
31日（土）	11月27日	命があり生かされていることを神様に感謝して過ごす	見えない世界とつながる意識を持つ	青紫の花を見る

2026年10月 October

グレゴリオ	カタカムナ	行動指針	気持ちの指針	ラッキーカラー
1日（木）	10月25日	自分と先祖のゆるしを請う	自分軸がぶれないよう気を付ける	黄緑色のものを探す
2日（金）	10月26日	太陽に感謝して過ごす	思いやりの意識を持つ	黄色い太陽の光を浴びる
3日（土）	10月27日	産土様とつながる意識でお参りをする	焦らない	青緑の光をイメージする
4日（日）	10月28日	反省すべきことを反省し次に生かす	すべてに感謝する	青いものを見つける
5日（月）	11月1日	産土様とつながる意識でお参りをする	次元上昇することを願う	青紫のカップを使う
6日（火）	11月2日	人の批判をしない	考えることに集中する	紫色の服を着る、または探す
7日（水）	11月3日	他者を思いやった行動をとる	命に感謝する	真珠の実物または画像・映像を眺める
8日（木）	11月4日	欲しい結果・成果を明確にしてから新しいことをする	成果を上げようという意欲を持つ	銀色の宝飾品を身に着ける
9日（金）	11月5日	主体的に動く	自分の理想を意識する	金色の光をイメージする
10日（土）	11月6日	太陽の光を意識しエネルギーを感じてみる	自分に厳しくする	ホワイトゴールドの光の映像を眺める
11日（日）	11月7日	これから始めるべきことを真剣に検討する	新月の力を自分の中に取り込む意識を持つ	赤いものを身に着ける
12日（月）	11月8日	発展を目指して行動する	あきらめない	オレンジジュースを飲む
13日（火）	11月9日	もっと上を目指してできることをする	複雑に考えない	黄色い花を見る、見つける
14日（水）	11月10日	新たな災害への備えを始める	今の環境に感謝する	産土様の神社で黄緑の葉を見つける
15日（木）	11月11日	次元上昇を目指して行動する	「すべてはひとつである」というワンネスの意識を持つ	光の色を意識して日光浴を楽しむ

グレゴリオ	カタカムナ	行動指針	気持ちの指針	ラッキーカラー
16日（月）	12月15日	自分を労わる	命に感謝する	銀色のものを使用する
17日（火）	12月16日	自分の理想を人に伝えてみる	人に共感する	金色のものを身に着ける
18日（水）	12月17日	産土様とつながる意識でお参りをする	進化しようという意欲を持つ	白い花を飾る
19日（木）	12月18日	理想を目指して新しいことを始める	迷わず進む気持ちで	赤い靴または靴下を履く
20日（金）	12月19日	未来をプランニングする	謙虚に考える	オレンジ色のものを食べる
21日（土）	12月20日	あきらめず行動を継続する	日々のくらしを大事にする気持ちで	黄色い服を着る
22日（日）	12月21日	変化を起こすためにどうすればいいか思考する	今年一年を振り返ってみる	黄緑色のものを見つける
23日（月）	12月22日	玄米を食べる	バランスを大事にする	緑の植物を眺める
24日（火）	12月23日	禊をする	命の有り難さを感じる	青緑の絵を見る
25日（水）	12月24日	今までの成果を振り返って評価する	物事に真剣に取り組む	青いアクセサリーを身に着ける
26日（木）	12月25日	自分軸を見直し、軸に合った言動をとる	謙虚さを忘れない	青紫の花を飾る
27日（金）	12月26日	自分の理想を明確化する	人の意見を聞くようにする	紫色のものを身に着ける
28日（土）	12月27日	食べものの命を身体に入れる意識で感謝して食事する	命があり生かされていることを神様に感謝する	真珠を身に着ける、または見る
29日（日）	12月28日	今年一年の行いの反省をする	努力をやめようとしない	銀色の小物を使う
30日（月）	13月1日	産土様にお参りする	一年の有終の美を飾ることを考える	筆記具に付いている金色の部分を見る

2026年 11月

November

グレゴリオ	カタカムナ	行動指針	気持ちの指針	ラッキーカラー
1日（日）	11月28日	反省すべきことを反省し次に生かす	次元上昇することを願う	紫色のものを身に着ける
2日（月）	12月1日	産土様にお参りする	明るい気持ちで過ごす	真珠を身に着ける、または見る
3日（火）	12月2日	ケンカや争いをしない	人に貢献する意識を持つ	銀色の小物を使う
4日（水）	12月3日	当日、7、8日の一粒万倍日に始めることを決める	自分には限界がないと信じる	金色のものを身に着けた人を見つける
5日（木）	12月4日	成果を出すためにすべきことを本気で考え出す	コミュニケーションを大事にする	ホワイトゴールドの宝飾品の実物または画像を見る
6日（金）	12月5日	自分の思いを人に伝える	人に自分を知ってもらうことを心がける	赤いものを身に着ける
7日（土）	12月6日	始めようと決めたことを実際に始める	自分に厳しくする	オレンジジュースを飲む
8日（日）	12月7日	新しく始めたことを産土様にご報告する	大自然に感謝する	黄色い花を飾る
9日（月）	12月8日	発展を目指した上で人とコミュニケーションを取る	冷静さを保つ	光の色を意識して日光浴を楽しむ
10日（火）	12月9日	途中で妥協せずもうひと踏ん張りする	物事を複雑に考えない	緑茶を飲む
11日（水）	12月10日	感謝できることを見つけて感謝しながら過ごす	深く考え込まない	海の写真を見る
12日（木）	12月11日	命について考える	自分の役割を果たすよう心がける	青い服を着る
13日（金）	12月12日	自分の考えを発信する	英気を養うことを心がける	青紫の花（写真でも良い）を見る
14日（土）	12月13日	進化を目指した発信をする	理想は叶うと信じる	紫色のものを身に着ける
15日（日）	12月14日	理想に向かって歩みを進める	欲しい成果を明確にイメージする	真珠を見る

グレゴリオ	カタカムナ	行動指針	気持ちの指針	ラッキーカラー
16日（水）	13月17日	超開運日なので、その日のパワーを生かすつもりで行動する	神様に感謝する	オレンジ色のタオルを使う
17日（木）	13月18日	今年を振り返り、進化したポイントをまとめる	一年の有終の美を飾ることを考える	黄色いものを見つける
18日（金）	13月19日	災害への備えの確認作業を行う	命を守ることを最優先に考える	黄緑色のものを見つける
19日（土）	13月20日	くらしを見直し改善する	自分に自信を持つ	緑の観葉植物を置く、または眺める
20日（日）	13月21日	来年に向けて何か新しいことをする	未来に希望を感じる	青緑の海の映像を眺める
21日（月）	13月22日	二極化していないか確認しバランスを取る	人に共感するようにしてみる	青いものを身に着ける
22日（火）	13月23日	冬至のエネルギー変化（陰→陽）を感じて過ごす	禊を重視する	青紫の花の写真、映像を見る
23日（水）	13月24日	今年の行いを振り返り反省する	身体を休めることを意識する	紫色のものを見つける
24日（木）	13月25日	自分軸を再確認し、言動を軌道修正する	自我を出すことはひかえる	真珠色の光をイメージする
25日（金）	13月26日	来年を理想の年にするためにすべきことを洗い出す	自己中心的にならない	銀色のアクセサリーを身に着ける
26日（土）	13月27日	一年を過ごせた感謝の気持ちを神様に伝える	心を落ち着かせることを意識する	金色の筆記具を使う
27日（日）	13月28日	来年に向けてこれから行うことを決める	来年も努力すると決意する	ホワイトゴールドの光の映像を眺める
28日（月）	1月1日	昨日決めたことを始める	前向きに過ごす	赤い花を飾る
29日（火）	1月2日	新年に向けてクリアリングする	すべてに感謝する	オレンジ色の小物を置く
30日（水）	1月3日	ネガティブ感情にならないよう意識して過ごす	命があることに感謝する	黄色いランプを使う
31日（木）	1月4日	時間を大事にしながら過ごす	精神を穏やかに保つ	黄緑のブックカバーを使う

2026年 12月 December

グレゴリオ	カタカムナ	行動指針	気持ちの指針	ラッキーカラー
1日（火）	13月2日	一年の有終の美を飾ることを意識して動く	調和を大切にする	白いキャンドルを灯す
2日（水）	13月3日	今年を締めくくるための行動を始める	命を大切に思う	赤い文房具を使う
3日（木）	13月4日	結果を出せるように努力する	自分が自分の人生の責任者だと自覚する	オレンジ色の服を着る、小物を持つ
4日（金）	13月5日	エネルギーを蓄えることを優先する	人に左右されないようにする	黄色い花を飾る、眺める
5日（土）	13月6日	自分の理想がどういうものか思案する	目標を持つ	黄緑の葉に触れる
6日（日）	13月7日	産土様に現状をお伝えする	ゆったりと考える	緑茶を飲む
7日（月）	13月8日	発展させるべき項目を洗い出す	焦らない	青緑色のものを見つける
8日（火）	13月9日	今年を締めくくるためにどんな行動をすべきか検討する	シンプルに考える	青いペンで願いを書く
9日（水）	13月10日	理想に向けてすべきことを考案する	新月の力を取り入れることを意識する	青紫色のものを見つける
10日（木）	13月11日	次元上昇につながりそうな行動をとる	命を精一杯使い切る気持ちで	紫の炎をイメージする
11日（金）	13月12日	一年で上げた成果を人に伝える	良い部分を見て素直に評価する	真珠の実物または写真を見る
12日（土）	13月13日	大きな進化を目指してできることをする	細かいことは気にしない	銀色のスプーンかフォークかナイフを使う
13日（日）	13月14日	不測の事態への心構えを持ち、覚悟と備えをする	人と自分の同じ部分を見て共感する	金色のものを見つける
14日（月）	13月15日	自分軸を再確認し、言動を軌道修正する	プロセスが大事だと考えてみる	ホワイトゴールド色のものを探してみる
15日（火）	13月16日	できる限り頑張ってみる	理想的な結果を願う	赤いペンで予定を書く

グレゴリオ	カタカムナ	行動指針	気持ちの指針	ラッキーカラー
16日（土）	1月20日	見えない力を信じて行動する	慎重な判断を心がける	青いものを身に着ける
17日（日）	1月21日	変化しようと決意し実践する	長期的な視点で考える	青紫色のものを見つける
18日（月）	1月22日	あきらめずに続ける	謙虚な態度を心がける	紫をイメージしてセオリツヒメ様にお祈りする
19日（火）	1月23日	禊をする	基礎を大事にするつもりで	真珠のアクセサリーを身に着ける、または見る
20日（水）	1月24日	成果を上げるために会うべき人に会う	意識して積極的に	銀色のペンダントを身に着ける、または探す
21日（木）	1月25日	自分軸について考え、軸に沿った言動をとる	客観的に物事を見るようにする	金色の装飾品を身に着けている人を見つける
22日（金）	1月26日	理想のために何をすべきか思案する	実情を把握し対応を心がける	白いシャツを着る
23日（土）	1月27日	自分軸について考え、軸に沿った言動をとる	謙虚さを忘れない	赤いカップで熱いものを飲む
24日（日）	1月28日	これまでの反省を生かして行動を変える	他者との調和を大切にする	オレンジ色の小物を身に着ける
25日（月）	2月1日	神様とつながる意識で産土様にお参りする	努力を持続することを誓う	黄色い付箋を使う
26日（火）	2月2日	自分の理想について人に伝える	人の良いところを見つける	黄緑色のものを家の中で見つける
27日（水）	2月3日	ネガティブ感情にならないよう意識して過ごす	命があることに感謝する	緑色の服を着る
28日（木）	2月4日	考えすぎずシンプルに行動に移す	シンプルに考える	青緑色のものを見つける
29日（金）	2月5日	これから始めることを一生懸命考案する	新しいことに挑む意識を持つ	青い靴を履く
30日（土）	2月6日	新たな趣味を探索する	創造的な心を育む気持ちで	青紫の色をネットで見つける
31日（日）	2月7日	命に感謝し産土様にお参りする	自信を持って前進する心意気で	紫色の入っている服を着る

2027年1月 January

グレゴリオ	カタカムナ	行動指針	気持ちの指針	ラッキーカラー
1日（金）	1月5日	自分のこれまでを振り返る時間を持つ	他者を思いやる心を持つ	緑色の服を着るか緑色の靴を履く
2日（土）	1月6日	好きな人と食事をする	楽しい感覚を味わう	青緑の画像を検索する
3日（日）	1月7日	産土様にお参りする	「もったいない」の意識を持つ	青いかばんや小物を持つ、または探す
4日（月）	1月8日	得たい成果をイメージする時間を作る	自制する	青紫のシャツを着ている人を見つける
5日（火）	1月9日	最高を目指して動く	妥協しない	紫色のものを身に着ける
6日（水）	1月10日	すべてを許すと決めて実践する	何があっても驚かないようにする	貝の中に入っている真珠の画像・映像を眺める
7日（木）	1月11日	次元上昇を意識して過ごす	明るく前向きに	銀色の小物を持つ
8日（金）	1月12日	クヨクヨせずに行動に移す	コミュニケーションを大事にする	金色のものを見つける
9日（土）	1月13日	進化を目指して新しいことに挑戦する	自己責任の意識を持つ	白いカップを使う
10日（日）	1月14日	得たい成果を明確にして活動計画を練る	ものに感謝する	赤い紐を結んでみる
11日（月）	1月15日	反省すべきことを反省し次に生かす	大局を見る視点を持つ	オレンジ味のものを食べる、飲む
12日（火）	1月16日	理想をイメージし実行に移す	忍耐強く過ごす	黄色いものを身に着ける
13日（水）	1月17日	徹底して怒らないようにする	長期的視野を持つ	黄緑の服を着る、または見つける
14日（木）	1月18日	理想の実現に向けてお導きいただくよう神様にお願いする	神様とつながる意識を持つ	緑の葉が付いた木に触れてみる
15日（金）	1月19日	地球や大地に感謝して過ごす	協調性を大事にする	青緑色のものを見つける

グレゴリオ	カタカムナ	行動指針	気持ちの指針	ラッキーカラー
16 日（火）	**2**月**23**日	禊をする	命に感謝する	金色の光に包まれたところをイメージする
17 日（水）	**2**月**24**日	家族と過ごす時間を作る	家族の絆を大切に感じる	白いタオルを使う
18 日（木）	**2**月**25**日	ビジネスミーティングをする	プロフェッショナルなふるまいを心がける	赤い服を着る
19 日（金）	**2**月**26**日	理想を明確にし、これからすることを決める	人の意見を聞くことを心がける	オレンジ色を家の外で見つける
20 日（土）	**2**月**27**日	これからすることを神様にお伝えする	体調を整えることを優先する	黄色い小物を持つ
21 日（日）	**2**月**28**日	反省すべきことを反省し次に生かす	チャンスを生かす心づもりで	黄緑の草木の香りを嗅ぐ
22 日（月）	**3**月**1**日	神様とつながる意識で産土様にお参りする	命の大切さを感じる	緑の野菜を食べる
23 日（火）	**3**月**2**日	感謝の気持ちを人に伝える	人の良いところを見るよう心がける	青緑の海で泳ぐイメージを抱く
24 日（水）	**3**月**3**日	命に感謝し、命を大事にする	遠くにある目標に焦点を当てる	青い服を着る
25 日（木）	**3**月**4**日	クリエイティブな作業をする	アイデアを形にすることを心がける	青紫色のものを見つける
26 日（金）	**3**月**5**日	自分のこれまでを振り返る時間を持つ	他者を思いやる心を持つ	紫色のセオリツヒメ様の画像を見る
27 日（土）	**3**月**6**日	理想に向かって進むために何かに挑戦する	理想を大事にする	真珠のアクセサリーを身に着ける
28 日（日）	**3**月**7**日	産土様にゆるしを請う	希望に満ちた気持ちで	銀色の食器を使う

2027年2月　February

グレゴリオ	カタカムナ	行動指針	気持ちの指針	ラッキーカラー
1日（月）	2月8日	仕事面で大きな一歩を踏み出す	決断力を養うことを意識する	真珠のネックレスを身に着ける
2日（火）	2月9日	きわめることを目指して何か新しいことをする	穏やかな気持ちを保つ	銀色の指輪などの装飾品を身に着ける
3日（水）	2月10日	節分の日。「鬼は内、福は内」と言って豆まきをする	ポジティブに考える	金色の光をイメージする
4日（木）	2月11日	立春という新しい年の始まりの日なので、気持ちを新たに過ごす	コミュニケーションを重視する	白いライトを点けてみる
5日（金）	2月12日	瞑想やヨガをする	慎重な判断を心がける	屋外で赤い色を見つける
6日（土）	2月13日	大きな買い物は避ける	慎重な判断を心がける	オレンジ色の食品をとる
7日（日）	2月14日	理想に向かって歩みを進める	新月の力を取り入れるつもりで	黄色い花を見つける
8日（月）	2月15日	自分軸に沿うようなことを実践する	スッキリした気持ちを味わう	黄緑の葉に触る
9日（火）	2月16日	写真を整理する	思い出に浸ってみる	緑色の服か小物を身に着ける
10日（水）	2月17日	産土様にお参りする	自然を感じようとする	青緑の海をイメージする
11日（木）	2月18日	不測の事態への心構えを持ち、覚悟と備えをする	学ぶ喜びを感じる	青いペンで計画を書く
12日（金）	2月19日	自然散策を楽しみ命を愛でる	自然の中で癒やしを感じる	青紫色のものを見つける
13日（土）	2月20日	趣味の時間を大切に過ごす	自分の中にある創造性を解放する	紫の炎をイメージする
14日（日）	2月21日	なるべく人との約束を避ける	自己中心的にならない	真珠色のものを見つける
15日（月）	2月22日	調和に向かうようなことを実行に移す	意志を強く保つ	家の外に銀色があるのを見つける

グレゴリオ	カタカムナ	行動指針	気持ちの指針	ラッキーカラー
16日（火）	3月23日	神様に感謝して過ごす	希望を持ち「できる」と信じる	赤い野菜を食べる
17日（水）	3月24日	前向きに考える	氣の領域の力を信じる	オレンジ色のものを見つける
18日（木）	3月25日	自分軸に沿っているか考え言動を軌道修正する	客観的に物事を見るようにする	黄色い光をイメージする
19日（金）	3月26日	理想に向かってできることを実践する	実情を把握し対応を心がける	黄緑色のものを探す
20日（土）	3月27日	「行動の月」である4月に向けて新しいことをする	命があることに感謝する	黄色い太陽の光を浴びる
21日（日）	3月28日	宇宙元旦の日を祝い、「行動する」と決意する	他者との調和を大事にする	青緑の光をイメージする
22日（月）	4月1日	神様とつながる意識を持ち産土様にお参りする	努力を持続することを心がける	青いものを見つける
23日（火）	4月2日	二極化を避け、調和に向かうことを目指して行動する	知識習得への意欲を持つ	青紫のカップを使う
24日（水）	4月3日	新しく禊になりそうなことをする	人への感謝を忘れない	紫色の服を着る、または探す
25日（木）	4月4日	自分を振り返ってみる	状況が改善し悩みが解消されると信じる	真珠の実物または画像・映像を眺める
26日（金）	4月5日	自分のこれまでを振り返る時間を持つ	他者を思いやる心を持つ	銀色の宝飾品を身に着ける
27日（土）	4月6日	明日から始めることを決める（まだ始めない）	浄化されることをイメージする	金色の光をイメージする
28日（日）	4月7日	昨日決めたことを始める	見えない力を意識する	ホワイトゴールドの光の映像を眺める
29日（月）	4月8日	新たなアイデアを探求する	創造的な思考を楽しむ	赤いものを身に着ける
30日（火）	4月9日	産土様にお参りする	理想を大事にする	オレンジジュースを飲む
31日（水）	4月10日	満たされていることに感謝しながら何かに挑戦する	希望に満ちた気持ちで	黄色い花を見る、見つける

2027年3月　March

グレゴリオ	カタカムナ	行動指針	気持ちの指針	ラッキーカラー
1日（月）	3月8日	進化に向かって積極的に行動を起こす	自信を持つ	金色のものを身に着ける
2日（火）	3月9日	妥協せずに行動する	内面を磨くことを意識する	自然の中にホワイトゴールド色があるのを見つける
3日（水）	3月10日	すべてが満たされていることに心から感謝して過ごす	すべての人・もの・コトに感謝の気持ちを抱く	赤い服か下着を身に着ける
4日（木）	3月11日	次元上昇をイメージし実現に向けて動く	自己の創造性を信じる	下丹田（おへその下）にオレンジ色の光を感じる
5日（金）	3月12日	思考を整理し計画を立てる	穏やかな心を保つ	黄色い光の映像を眺める
6日（土）	3月13日	誤解が解消されるよう努力する	明るい対応を心がける	産土様の神社で黄緑色の植物を見つける
7日（日）	3月14日	成果が出るようなことを実行する	感謝の気持ちを忘れない	緑の野菜を食べる
8日（月）	3月15日	禊を入念に行う	究極の願いを意識する	青緑の海の映像を眺める
9日（火）	3月16日	責任ある行動をしているか考える	自己責任の意識を持つ	青いペンで今日の予定を書く
10日（水）	3月17日	人に伝えたいことを伝える	地球に対して感謝の心を持つ	青紫の花を見つける
11日（木）	3月18日	神様とつながれるよう試みる	大局を見る視点を持つ	紫色のアクセサリーを身に着ける
12日（金）	3月19日	健康に良さそうなことを始める	忍耐強く過ごす	真珠を身に着ける
13日（土）	3月20日	徹底して怒らないようにする	長期的視野を持つ	銀色の小物を使う
14日（日）	3月21日	やめずに続けてみる	ものが揃っていることに感謝する	金色のペンで自分の望みを書き出す
15日（月）	3月22日	今後の計画を決める	ポジティブに考える	ホワイトゴールドの宝飾品を身に着ける、または眺める

グレゴリオ	カタカムナ	行動指針	気持ちの指針	ラッキーカラー
16日（金）	4月26日	自分の理想を再確認する時間を持つ	「できる」と信じる	青緑の絵を見る
17日（土）	4月27日	命を頂き、生かしていただいていることを神様に感謝して過ごす	前向きな思考を保つ	青いアクセサリーを身に着ける
18日（日）	4月28日	やるべきことを実行に移す	意欲を持つ	青紫の花を見る
19日（月）	5月1日	理想のために何をすべきか考察する	実情を把握し対応を心がける	紫色のものを身に着ける
20日（火）	5月2日	自分の理想を人に伝える	人の良いところを見つけるようにする	真珠を身に着ける、または見る
21日（水）	5月3日	命を大事に思いながら過ごす	他者との調和を大切にする	銀色の小物を使う
22日（木）	5月4日	できるだけ我慢する	物質的な成果が得られるよう願う	金色のものを身に着けた人を見つける
23日（金）	5月5日	自分を振り返ってみる	知識習得への意欲を持つ	ホワイトゴールドの宝飾品の実物または画像を見る
24日（土）	5月6日	理想に向けた行動をとる	始めることにこだわりを持つ	赤いものを身に着ける
25日（日）	5月7日	考えすぎずシンプルに行動に移す	神様とつながる意識を持つ	オレンジジュースを飲む
26日（月）	5月8日	進化・発展のために必要なことは何か思索する	得たい成果を明確にイメージする	黄色い花を飾る
27日（火）	5月9日	きわめることを目指して新しいことをする	柔軟性を保つ	光の色を意識して日光浴を楽しむ
28日（水）	5月10日	すべてに感謝して過ごす	他者を尊重する	緑茶を飲む
29日（木）	5月11日	産土様にゆるしを請う	ネガティブ思考を避ける	海の写真を見る
30日（金）	5月12日	調和を大事にしてできることを行動に移す	他者に批判的にならない	青い服を着る

2027年4月　April

グレゴリオ	カタカムナ	行動指針	気持ちの指針	ラッキーカラー
1日（木）	4月11日	より良くなることを目指して行動する	命を大事に思う	産土様の神社で黄緑の葉を見つける
2日（金）	4月12日	静かに過ごし内省する	内面を磨くよう心がける	光の色を意識して日光浴を楽しむ
3日（土）	4月13日	他者との和に重きを置いて行動する	人間関係に注意を払う	深海の写真または映像を眺める
4日（日）	4月14日	理想に向けてどう行動すべきか検討する	自己の創造性を信じる	青い服または下着を身に着ける
5日（月）	4月15日	命に感謝しながら、考えていたことを実行に移す	穏やかな心を保つ	青紫の花（写真でも良い）を見る
6日（火）	4月16日	誰かを巻き込んで新しい一歩を踏み出してみる	明るい対応を心がける	紫色のものを身に着ける
7日（水）	4月17日	過去の成功を振り返って評価分析する	感謝の気持ちを抱く	真珠を着けている人を見つける
8日（木）	4月18日	理想の現実化に向けたお導きを産土様にお願いする	神様とつながる意識を持つ	銀色のものを使用する
9日（金）	4月19日	責任感を持って行動する	怠けたい気持ちを抑える	金色のものを買う
10日（土）	4月20日	継続を意識してやめないように努める	理想に向かう気持ちで	ホワイトゴールド色のものを見つける
11日（日）	4月21日	言葉と行動を一致させる	変化しようという意識で	赤い靴または靴下を履く
12日（月）	4月22日	災害に対する覚悟と備えを持つ	我慢しない	オレンジ色のものを食べる
13日（火）	4月23日	徹底して怒らないようにする	長期的視野を持つ	黄色い服を着る
14日（水）	4月24日	玄米を食べる	協調性を大事にする	黄緑色のものを見つける
15日（木）	4月25日	自分軸を明確にしてやるべきことを考える	行動をつつしむよう心がける	緑の植物を眺める

グレゴリオ	カタカムナ	行動指針	気持ちの指針	ラッキーカラー
16日（日）	5月28日	反省すべきことを反省し次に生かす	希望を持つ	真珠を身に着ける、または見る
17日（月）	6月1日	物事を整理する	前向きな気持ちで過ごす	銀色の小物を使う
18日（火）	6月2日	二極化につながらないような行動をとる	やめずに続けると決める	筆記具に付いている金色の部分を見る
19日（水）	6月3日	ネガティブ感情にならないよう意識して過ごす	命があることに感謝する	白いキャンドルを灯す
20日（木）	6月4日	手にしたい成果を紙に書く	精神を穏やかに保つ	赤い文房具を使う
21日（金）	6月5日	自分のこれまでを振り返る時間を持つ	他者を思いやる心を持つ	オレンジ色の服を着る、小物を持つ
22日（土）	6月6日	好きな人とお互いの理想について話す	楽しい感覚を味わう	黄色い花を飾る、眺める
23日（日）	6月7日	命に感謝し産土様にお参りする	自信を持って前進する心意気で	黄緑の葉に触れる
24日（月）	6月8日	進化・発展を目指してできることを始める	自己規律を守る気持ちで	緑茶を飲む
25日（火）	6月9日	進化・発展を目指して行動する	イライラしない	青緑色のものを見つける
26日（水）	6月10日	すべてが満たされていることに心から感謝して過ごす	すべての人・もの・コトに感謝する	青いペンで願いを書く
27日（木）	6月11日	大きな結果を出すべく挑戦をする	柔軟な思考を持つ	青紫色のものを見つける
28日（金）	6月12日	自分の思いを人に伝える	明るく前向きに	紫の炎をイメージする
29日（土）	6月13日	行動は控え目にし、思考をする時間を持つ	自己責任の意識を持つ	真珠の実物または写真を見る
30日（日）	6月14日	理想に向かって歩みを進める	理想に向かっていく決意を新たにする	銀色のスプーンかフォークかナイフを使う
31日（月）	6月15日	命を大事に思いながら過ごす	大局を見る視点を持つ	金色のものを見つける

2027年5月 May

グレゴリオ	カタカムナ	行動指針	気持ちの指針	ラッキーカラー
1日（土）	5月13日	命に感謝して過ごす	自信を持つ	青紫の花（写真でも良い）を見る
2日（日）	5月14日	理想に向かって歩みを進める	得たい成果を明確にイメージする	紫色のものを身に着ける
3日（月）	5月15日	ケンカや争いを避ける	自分軸を大事にする	真珠を見る
4日（火）	5月16日	自分を甘やかさないようにする	理想を追求する気持ちで	銀色のものを使用する
5日（水）	5月17日	今の環境に感謝して過ごす	落ち着きを保つ	金色のものを身に着ける
6日（木）	5月18日	始めたことを続けるために創意工夫する	新月のエネルギーを感じる	白い花を飾る
7日（金）	5月19日	災害への覚悟を持って過ごす	大丈夫だと信じる	赤い靴または靴下を履く
8日（土）	5月20日	継続できていることを見つけて感謝しながら過ごす	すべてが満たされていることに感謝する	オレンジ色のものを食べる
9日（日）	5月21日	日々のくらしに変化を求めて動く	自己責任の意識を持つ	黄色い服を着る
10日（月）	5月22日	理想に向かって歩みを進める	理想を追求する気持ちを抱き続ける	黄緑色のものを見つける
11日（火）	5月23日	禊をする	命に感謝する	緑の植物を眺める
12日（水）	5月24日	新しいことを始める	「できる」と信じる	青緑の絵を見る
13日（木）	5月25日	自分軸からぶれないために大事だと思うことを実践する	長期的視野を持つ	青いアクセサリーを身に着ける
14日（金）	5月26日	太陽に感謝して過ごす	協調性を大事にする	青紫の花を飾る
15日（土）	5月27日	産土様にゆるしを請う	焦らない	紫色のものを身に着ける

グレゴリオ	カタカムナ	行動指針	気持ちの指針	ラッキーカラー
16日（水）	7月3日	ネガティブ感情にならないよう意識して過ごす	命があることに感謝する	オレンジ色の小物を置く
17日（木）	7月4日	自分を振り返ってみる	シンプルな思考を保つ	黄色いランプを使う
18日（金）	7月5日	自分軸を見直し、軸に合う言動をとる	自分の世界の中心は自分であることを自覚する	黄緑のブックカバーを使う
19日（土）	7月6日	超開運日で満月なので、その日の力を生かすことを意識して行動する	創造的な心を大事にする	緑色の服を着る、または緑色の靴を履く
20日（日）	7月7日	産土様にお参りしてから新しいことを実践する	自信を持って前進する心意気で	青緑の画像を検索する
21日（月）	7月8日	仕事面で大きな一歩を踏み出す	決断に迷わない	青いかばんや小物を持つ、または探す
22日（火）	7月9日	リラックスする時間を設ける	最高の状態を目指す	青紫のシャツを着ている人を見つける
23日（水）	7月10日	目標を見直して計画を練り直す	すべてが満ち足りていることを意識する	紫色のものを身に着ける
24日（木）	7月11日	次元上昇を意識して行動する	自然を大切にする気持ちで	貝の中に入っている真珠の画像・映像を眺める
25日（金）	7月12日	瞑想やヨガをする	コミュニケーションを大事にする	銀色の小物を持つ
26日（土）	7月13日	地球を感じるものに触れてみる	慎重な判断を心がける	金色のものを見つける
27日（日）	7月14日	芸術作品を鑑賞する	インスピレーションを感じてみる	白いカップを使う
28日（月）	7月15日	命をつないでいくことを意識しながら玄米を食べる	スッキリした気持ちを味わう	赤い紐を結んでみる
29日（火）	7月16日	写真を整理する	思い出に浸ってみる	オレンジ味のものを食べる、飲む
30日（水）	7月17日	地球の大地、石に触れてみる	地球があることの有り難みを実感して感謝する	黄色いものを身に着ける

2027年6月 June

グレゴリオ	カタカムナ	行動指針	気持ちの指針	ラッキーカラー
1日（火）	6月16日	玄米を食べる	理想は実現可能だと信じる	ホワイトゴールド色のものを探してみる
2日（水）	6月17日	自然に触れてみる	長期的視野を持つ	赤いペンで予定を書く
3日（木）	6月18日	神様に感謝して過ごす	理想を大切にする気持ちで	オレンジ色のタオルを使う
4日（金）	6月19日	始めたこと、続けていることを振り返って評価する	いつ命が終わっても後悔しない生き方を心がける	黄色いものを見つける
5日（土）	6月20日	新しく習慣にしたいことは何か考える時間を持つ	新月のパワーを取り込むことを意識する	黄緑色のものを見つける
6日（日）	6月21日	自身の改善できる部分を考えてみる	自分を認める	緑の観葉植物を置く、または眺める
7日（月）	6月22日	理想に向けてできることを行動に移す	謙虚な態度を心がける	青緑の海の映像を眺める
8日（火）	6月23日	四日連続一粒万倍日（最終日）というまたとない幸運日。それを意識し一日を大切に過ごす	希望を持ち、願いは叶うと信じる	青いものを身に着ける
9日（水）	6月24日	行動を最小限にする	前向きな姿勢を保つ	青紫の花の写真、映像を見る
10日（木）	6月25日	自分軸を再確認し、言動を軌道修正する	客観的に物事を見るようにする	紫色のものを見つける
11日（金）	6月26日	不測の事態への心構えを持ち、覚悟と備えをする	実情を把握し対応を心がける	真珠色の光をイメージする
12日（土）	6月27日	命があり生かされていることを神様に感謝する	謙虚さを忘れない	銀色のアクセサリーを身に着ける
13日（日）	6月28日	反省すべきことを反省し次に生かす	他者との調和を大切にする	金色の筆記具を使う
14日（月）	7月1日	神様とつながる意識で産土様にお参りする	努力を持続することを誓う	ホワイトゴールドの光の映像を眺める
15日（火）	7月2日	理想に向けて新しい計画を立てる	知識習得への意欲を持つ	赤い花を飾る

グレゴリオ	カタカムナ	行動指針	気持ちの指針	ラッキーカラー
16日（金）	8月5日	自分軸を再確認し軸に合う言動をとる	自分の世界の中心は自分だと自覚する	青緑色のものを見つける
17日（土）	8月6日	理想に向かって進むためにどうするか思索する	理想を重視する	青い靴を履く
18日（日）	8月7日	新たなことを始める、挑戦する	希望に満ちた気持ちで	青紫の色をネットで見つける
19日（月）	8月8日	積極的に行動を起こす	今までよりも大きく発展する心づもりで	紫色の入っている服を着る
20日（火）	8月9日	より完成に近づけるよう努力する	「これ以上できない」と思うまで続ける	真珠のネックレスを身に着ける
21日（水）	8月10日	自分が満たされていることに感謝して過ごす	自分が持つ理想の形をイメージする	銀色の指輪などの装飾品を身に着ける
22日（木）	8月11日	次元上昇を意識して行動する	命の大切さを意識する	金色の光をイメージする
23日（金）	8月12日	今までと違うことをやってみる	変化を恐れない	白いライトを点けてみる
24日（土）	8月13日	誤解が解消できるよう努力する	明るい対応を心がける	屋外で赤い色を見つける
25日（日）	8月14日	自分の理想をイメージする	大きく発展することを信じる	オレンジ色の食品をとる
26日（月）	8月15日	天命を果たすための行動を始める	自分が楽しいことをしようという気持ちで	黄色い花を見つける
27日（火）	8月16日	行動の意図を明確にした上で動く	結果を出すことにこだわってみる	黄緑の葉に触る
28日（水）	8月17日	人に伝えたいことを伝える	地球に感謝する	緑色の服か小物を身に着ける
29日（木）	8月18日	進化を目指した行動を実際にやってみる	大局を見る視点を持つ	青緑の海をイメージする
30日（金）	8月19日	大災害を想定して備える	大きな変化への覚悟を持つ	青いペンで計画を書く
31日（土）	8月20日	やめずに続ける	怒らない	青紫色のものを見つける

2027年 7月　July

グレゴリオ	カタカムナ	行動指針	気持ちの指針	ラッキーカラー
1日（木）	7月18日	理想に向けてこれからすることを決める	神様につながる意識を持つ	黄緑の服を着る、または探す
2日（金）	7月19日	昨日決めたことを実際に始める	できる限り万全の備えをするよう心がける	緑の葉が付いた木に触れてみる
3日（土）	7月20日	継続していることをやめないようにする	人に対して共感するよう心がける	青緑色のものを見つける
4日（日）	7月21日	思考を整理し計画を立てる	新月のエネルギーを感じる	青いものを身に着ける
5日（月）	7月22日	二極化に向かいそうなことは避け、調和を心がけて行動する	人のことを認めるようにする	青紫色のものを見つける
6日（火）	7月23日	禊をする	自信を持つ	紫をイメージしてセオリツヒメ様にお祈りする
7日（水）	7月24日	家族と過ごす時間を作る	家族の絆を大切にする	真珠のアクセサリーを身に着ける、または見る
8日（木）	7月25日	自分軸について人に伝える	主体的に考える	銀色のペンダントを身に着ける、または探す
9日（金）	7月26日	行動を最小限にする	理想の実現をあきらめない	金色の装飾品を身に着けている人を見つける
10日（土）	7月27日	命があることを神様に感謝して過ごす	謙虚さを忘れない	白いシャツを着る
11日（日）	7月28日	反省すべきことを反省し次に生かす	チャンスを生かす心づもりで	赤いカップで熱いものを飲む
12日（月）	8月1日	これから何を始める必要があるか検討する	人脈を広げることを心がける	オレンジ色の小物を身に着ける
13日（火）	8月2日	自分の掲げる理想を人に伝える	人の良いところを見つけるようにする	黄色い付箋を使う
14日（水）	8月3日	超開運日なので、それを生かすことを意識して行動する	命に感謝する	黄緑色のものを家の中で見つける
15日（木）	8月4日	クリエイティブな作業をする	アイデアを形にすることを心がける	緑色の服を着る

グレゴリオ	カタカムナ	行動指針	気持ちの指針	ラッキーカラー
16日（月）	9月8日	新たなアイデアを探求する	創造的な思考を楽しむ	銀色の食器を使う
17日（火）	9月9日	物事をきわめることを意識して活動する	妥協しない	金色のものを身に着ける
18日（水）	9月10日	すべてが満たされていることに心から感謝して過ごす	すべての人・もの・コトに感謝する	自然の中にホワイトゴールド色があるのを見つける
19日（木）	9月11日	より良くなることを目指して行動する	次元上昇を意識する	赤い服か下着を身に着ける
20日（金）	9月12日	これから始めるべきことは何かを思索する	争いを避けるよう心がける	下丹田（おへその下）にオレンジ色の光を感じる
21日（土）	9月13日	きわめる意識で物事に取り組む	この上ないスタートの日であることを意識する	黄色い光の映像を眺める
22日（日）	9月14日	物質的な成果だけにこだわらないよう意識して過ごす	精神的に成長することを願う	産土様の神社で黄緑色の植物を見つける
23日（月）	9月15日	自分軸について改めて考え、軸に沿った行動をとる	命があることに感謝する	緑の野菜を食べる
24日（火）	9月16日	理想に向かって行動しているかチェックする	明るい対応を心がける	青緑の海の映像を眺める
25日（水）	9月17日	新しく始めたことを産土様にご報告する	地球に対して感謝の心を持つ	青いペンで今日の予定を書く
26日（木）	9月18日	神様から守られていることを感じながら過ごす	大きな進歩を目指す気持ちで	青紫の花を見つける
27日（金）	9月19日	災害に対しての備えを再確認する	何があっても大丈夫だと信じる	紫色のアクセサリーを身に着ける
28日（土）	9月20日	小さくても継続できそうなことを実行する	日々のくらしも大事なことだと認識する	真珠を身に着ける
29日（日）	9月21日	今までと違うことをやってみる	変化しようという意思を持つ	銀色の小物を使う
30日（月）	9月22日	人のことを批判しない、攻撃しない	調和を意識する	金色のペンで自分の望みを書き出す
31日（火）	9月23日	禊をする	思い浮かんだイメージを大切にする	ホワイトゴールドの宝飾品を身に着ける、または眺める

2027年8月 August

グレゴリオ	カタカムナ	行動指針	気持ちの指針	ラッキーカラー
1日（日）	8月21日	大きな結果を出すためにできることをする	変化を喜ぶ	紫の炎をイメージする
2日（月）	8月22日	理想を意識してそれに向けた活動をする	人の良い面を見る	真珠色のものを見つける
3日（火）	8月23日	禊をする	希望を持つ	家の外に銀色があるのを見つける
4日（水）	8月24日	前向きに考える	氣の領域の力を信じる	金色の光に包まれたところをイメージする
5日（木）	8月25日	自分軸に沿っているか考えて言動を軌道修正する	客観的に物事を見るよう意識する	白いタオルを使う
6日（金）	8月26日	理想のために何をすべきか考察する	実情を把握し対応を心がける	赤い服を着る
7日（土）	8月27日	神様に感謝してから行動を開始する	神様につながる意識を持つ	オレンジ色を家の外で見つける
8日（日）	8月28日	反省すべきことを反省し次に生かす	発展しているところをイメージする	黄色い小物を持つ
9日（月）	9月1日	神様とつながる意識を持ち、産土様にお参りする	「すべてはひとつである」というワンネスの意識を持つ	黄緑の草木の香りを嗅ぐ
10日（火）	9月2日	災害への覚悟を持ち備えを再確認する	知識習得への意欲を持つ	緑の野菜を食べる
11日（水）	9月3日	命に感謝し、命を大事にして過ごす	人への感謝を忘れない	青緑の海で泳ぐイメージを抱く
12日（木）	9月4日	自分を振り返ってみる	状況が改善し悩みが解消されると信じる	青い服を着る
13日（金）	9月5日	自分軸を明確にした上で新しいことをする	天命を意識する	青紫色のものを見つける
14日（土）	9月6日	理想を再確認し気持ちを新たにする時間を持つ	必ず達成できると信じる	紫色のセオリツヒメ様の画像を見る
15日（日）	9月7日	新たなことに挑戦する	希望に満ちた気持ちで	真珠のアクセサリーを身に着ける

グレゴリオ	カタカムナ	行動指針	気持ちの指針	ラッキーカラー
16日（木）	10月11日	理想を重視した計画を立てる	命を愛しく思う	黄色い花を見る、見つける
17日（金）	10月12日	自分が何者であるかを宣言する	コミュニケーションを大事にする	産土様の神社で黄緑の葉を見つける
18日（土）	10月13日	すべては神様の仕組んだ筋書きだという意識で過ごす	進化していることを自覚する	光の色を意識して日光浴を楽しむ
19日（日）	10月14日	今物質的に必要なことは何かを明確にする	理想は実現できると信じる	深海の写真または映像を眺める
20日（月）	10月15日	自分軸を改めて考え、軸に沿った行動を心がける	命があることに感謝する	青い服または下着を身に着ける
21日（火）	10月16日	理想の実現に向けてすべきことを実行に移す	理想を追求する意欲を持つ	青紫の花（写真でも良い）を見る
22日（水）	10月17日	産土様に喜んでいただけるような行動をとる	今の環境に感謝する	紫色のものを身に着ける
23日（木）	10月18日	理想の現実化に向けたお導きを産土様にお願いする	神様とつながる意識を持つ	真珠を着けている人を見つける
24日（金）	10月19日	災害への備えの確認作業を行う	意識して心を落ち着かせる	銀色のものを使用する
25日（土）	10月20日	日々のくらしができていることに感謝しながら過ごす	行動を継続しようという気持ちで	金色のものを買う
26日（日）	10月21日	先祖供養になりそうなことをする	今までの行いに対して反省の念を持つ	ホワイトゴールド色のものを見つける
27日（月）	10月22日	人の意見を聞く	自己主張を抑える	赤い靴または靴下を履く
28日（火）	10月23日	生物に触れて命を感じる	エネルギーがチャージできたことを感じる	オレンジ色のものを食べる
29日（水）	10月24日	欲しいもの、コトは何かをよく考えて明確にする	「できる」と信じる	黄色い服を着る
30日（木）	10月25日	自分軸からぶれないためにこれから何をするか決める	長期的視野を持つ	黄緑色のものを見つける

2027年9月　September

グレゴリオ	カタカムナ	行動指針	気持ちの指針	ラッキーカラー
1日（水）	9月24日	新たなことを学び始める	新月の力を意識する	赤い野菜を食べる
2日（木）	9月25日	自分軸を再確認する	神様とつながる意識を持つ	オレンジ色のものを見つける
3日（金）	9月26日	理想を再確認して行動につなげる	「できる」と信じる	黄色い光をイメージする
4日（土）	9月27日	神様にお願いをする	命を大事に思う	黄緑色のものを探す
5日（日）	9月28日	理想を再確認してすべきことをする	客観的に物事を見るようにする	黄色い太陽の光を浴びる
6日（月）	10月1日	新しく始めたことを産土様にご報告する	満たされていることに感謝する	青緑の光をイメージする
7日（火）	10月2日	対立しない	理想に向けて行動することを決意する	青いものを見つける
8日（水）	10月3日	命に感謝し、命を大事にする	人への感謝を忘れない	青紫のカップを使う
9日（木）	10月4日	成果を得るためにすべきことを実践する	物質的な成果が得られることを願う	紫色の服を着る、または見つける
10日（金）	10月5日	自分軸を見直す	自分軸を大事にする	真珠の実物または画像・映像を眺める
11日（土）	10月6日	理想に向けた行動をとる	良好な人間関係を目指す	銀色の宝飾品を身に着ける
12日（日）	10月7日	産土様とつながる意識でお参りをする	神様とつながる意識を持つ	金色の光をイメージする
13日（月）	10月8日	進化・発展を目指して行動する	「すべてうまく行く」と信じる	ホワイトゴールドの光の映像を眺める
14日（火）	10月9日	きわめることを目標に新しい活動をする	もっと上に行くことを目指す	赤いものを身に着ける
15日（水）	10月10日	すべてが満たされていることに心から感謝して過ごす	すべての人・もの・コトに感謝する	オレンジジュースを飲む

グレゴリオ	カタカムナ	行動指針	気持ちの指針	ラッキーカラー
16日（土）	11月13日	進化しようという意思を持って動く	妥協しない	青い服を着る
17日（日）	11月14日	理想に向かって歩みを進める	欲しい成果を明確にイメージする	青紫の花（写真でも良い）を見る
18日（月）	11月15日	自分軸を再確認した上でできることを実行に移す	ゴールまでの過程を大切にする	紫色のものを身に着ける
19日（火）	11月16日	必要な計画を立てる	太陽に感謝の念を持つ	真珠を見る
20日（水）	11月17日	これから始めることを産土様にお伝えする	地球や自然に感謝する	銀色のものを使用する
21日（木）	11月18日	神様に感謝しながら新しいことを始める	迷わず進む気持ちで	金色のものを身に着ける
22日（金）	11月19日	見えない力を敬いながら過ごす	これから何があってもおかしくないという覚悟の気持ちを抱く	白い花を飾る
23日（土）	11月20日	やり続けていることをやめない	自己表現を大切にする	赤い靴または靴下を履く
24日（日）	11月21日	新しい視点を探す	あきらめず対応する心づもりで	オレンジ色のものを食べる
25日（月）	11月22日	明るく考えて行動する	ポジティブに考える	黄色い服を着る
26日（火）	11月23日	禊をする	命の有り難さを感じる	黄緑色のものを見つける
27日（水）	11月24日	綿密に計画を練る	真剣に取り組む気持ちで	緑の植物を眺める
28日（木）	11月25日	無理をしないようにする	自分を大事にする	青緑の絵を見る
29日（金）	11月26日	ゴールを明確にした上で新しいことに挑戦する	新月の力を取り入れる気持ちで	青いアクセサリーを身に着ける
30日（土）	11月27日	新しく始めたことを産土様にご報告する	見えない世界とつながる意識を持つ	青紫の花を飾る
31日（日）	11月28日	反省すべきことを反省し次に生かす	次元上昇することを願う	紫色のものを身に着ける

2027年 10月　October

グレゴリオ	カタカムナ	行動指針	気持ちの指針	ラッキーカラー
1日（金）	10月26日	太陽に感謝して過ごす	思いやりの意識を持つ	緑の植物を眺める
2日（土）	10月27日	神様にお願いをする	命を大事に思う	青緑の絵を見る
3日（日）	10月28日	これまでのことを反省してから何かを始める	すべてに感謝する	青いアクセサリーを身に着ける
4日（月）	11月1日	産土様とつながる意識でお参りをする	次元上昇することを願う	青紫の花を見る
5日（火）	11月2日	自分の掲げる理想を人に伝える	人の良いところを見つけるようにする	紫色のものを身に着ける
6日（水）	11月3日	他者を思いやった行動をする	自己中心的にならない	真珠を身に着ける、または見る
7日（木）	11月4日	望む結果・成果を明確にイメージする時間を持つ	あきらめない	銀色の小物を使う
8日（金）	11月5日	天命を果たすためにこれから何をすべきか検討する	自分の掲げる理想を意識する	金色のものを身に着けた人を見つける
9日（土）	11月6日	災害時に命を守るための備えをする	理想をしっかりと持つ	ホワイトゴールドのジュエリーの実物または画像を見る
10日（日）	11月7日	産土様にお参りする	焦らず余裕を持つ	赤いものを身に着ける
11日（月）	11月8日	進歩・発展に向かってできることを実践する	あきらめない気持ちを抱く	オレンジジュースを飲む
12日（火）	11月9日	もっと上を目指して行動する	複雑に考えない	黄色い花を飾る
13日（水）	11月10日	「理想は実現できる」と口に出して言う	今の環境に感謝する	光の色を意識して日光浴を楽しむ
14日（木）	11月11日	次元上昇を目指して行動する	命があることに感謝する	緑茶を飲む
15日（金）	11月12日	発信の仕方をよく考える	他者を批判しない	海の写真を見る

グレゴリオ	カタカムナ	行動指針	気持ちの指針	ラッキーカラー
16日（火）	12月16日	自分の理想について人に伝えてみる	人に共感するようにしてみる	金色のものを見つける
17日（水）	12月17日	産土様とつながる意識でお参りをする	進化することを誓う	ホワイトゴールド色のものを探してみる
18日（木）	12月18日	直感を信じて行動する	迷わず進む気持ちで	赤いペンで予定を書く
19日（金）	12月19日	災害への備えの確認作業を行う	命を守ることを最優先に考える	オレンジ色のタオルを使う
20日（土）	12月20日	やってきたことをやめずに継続する	日々のくらしを大事にする気持ちで	黄色いものを見つける
21日（日）	12月21日	変化を起こすためにどうすればいいか考える	今年一年を振り返ってみる	黄緑色のものを見つける
22日（月）	12月22日	理想に向けてすべきことを行動に移す	人の良い面を見るようにする	緑の観葉植物を置く、または眺める
23日（火）	12月23日	できるだけ手を動かす	実践を重視する	青緑の海の映像を眺める
24日（水）	12月24日	これまでの成果を振り返って評価分析する	真剣に取り組む気持ちで	青いものを身に着ける
25日（木）	12月25日	自分軸を見直し、軸に合った言動をとる	謙虚さを意識する	青紫の花の写真、映像を見る
26日（金）	12月26日	理想を明確にした上ですべきことを実行する	人の意見を聞くようにする	紫色のものを見つける
27日（土）	12月27日	新しく実行したことを産土様にお伝えする	命あることを神様に感謝する	真珠色の光をイメージする
28日（日）	12月28日	今年を振り返り、反省すべき点を反省する時間を持つ	努力しようという気持ちで	銀色のアクセサリーを身に着ける
29日（月）	13月1日	産土様にお参りする	一年の有終の美を飾ることを考える	金色の筆記具を使う
30日（火）	13月2日	人と語り合う	周囲に貢献することを意識する	ホワイトゴールドの光の映像を眺める

2027年11月 November

グレゴリオ	カタカムナ	行動指針	気持ちの指針	ラッキーカラー
1日（月）	12月1日	産土様にお参りする	明るく過ごすことを心がける	真珠を身に着ける、または見る
2日（火）	12月2日	今年中に結果を出すことを目標に新しい活動をする	人に貢献できるよう意識する	銀色の小物を使う
3日（水）	12月3日	成果を得るためにすべきことを行動に移す	満月のパワーを身体に取り入れることを意識する	筆記具に付いている金色の部分を見る
4日（木）	12月4日	成果を出すためにすべきことを本気で考え出す	コミュニケーションを大事にする	白いキャンドルを灯す
5日（金）	12月5日	自分の思いを人に伝える	人に自分を知ってもらうことを心がける	赤い文房具を使う
6日（土）	12月6日	自分の掲げる理想について確認し行動に生かしていく	自分に厳しくする	オレンジ色の服を着る、小物を持つ
7日（日）	12月7日	命があり生かされていることを産土様に感謝して過ごす	心に余裕を持つ	黄色い花を飾る、眺める
8日（月）	12月8日	発展につながるようなコミュニケーションを取る	冷静さを保つ	黄緑の葉に触れる
9日（火）	12月9日	妥協せずに考える	複雑に考えない	緑茶を飲む
10日（水）	12月10日	感謝できることを見つけて感謝しながら過ごす	深く考え込まない	青緑色のものを見つける
11日（木）	12月11日	責任を持って行動する	自分の役割を果たすつもりで	青いペンで願いを書く
12日（金）	12月12日	自分の考えを外に発信する	英気を養うよう心がける	青紫色のものを見つける
13日（土）	12月13日	進化を目指した発信をする	理想は叶うと信じる	紫の炎をイメージする
14日（日）	12月14日	命を有り難く頂く気持ちで食事する。特に玄米を食べる	満月のエネルギーを身体に入れることを意識する	真珠の実物または写真を見る
15日（月）	12月15日	自分軸に沿った新しいことをする	天命を大切にするつもりで	銀色のスプーンかフォークかナイフを使う

グレゴリオ	カタカムナ	行動指針	気持ちの指針	ラッキーカラー
16日（木）	13月18日	理想の現実化に向けたお導きを産土様にお願いする	神様とつながる意識を持つ	黄色いものを身に着ける
17日（金）	13月19日	ネガティブな出来事が起きることも覚悟して過ごす	心を落ち着かせることを意識する	黄緑の服を着る、または見つける
18日（土）	13月20日	来年に向けて新しく行うことを決める	自分に自信を持つ	緑の葉が付いた木に触れてみる
19日（日）	13月21日	昨日決めた新しいことを実際に始める	未来に希望を感じてみる	青緑色のものを見つける
20日（月）	13月22日	二極化していないか確認し、調和に向けて動く	人に共感するようにしてみる	青いものを身に着ける
21日（火）	13月23日	命に感謝してものを食べる	禊を重視する	青紫色のものを見つける
22日（水）	13月24日	冬至のエネルギー変化（陰→陽）を感じながら過ごす	身体を休めることを意識する	紫をイメージしてセオリツヒメ様にお祈りする
23日（木）	13月25日	来年を展望した上ですべきことを行動に移す	自我を出すことはひかえる	真珠のアクセサリーを身に着ける、または見る
24日（金）	13月26日	来年を理想の年にするためにどうするか検討する	自己中心的にならない	銀色のペンダントを身に着ける、または探す
25日（土）	13月27日	食べものの命に感謝し、命の力を身体に取り入れるつもりで食べる	命があることを神様に感謝する	金色の装飾品を身に着けている人を見つける
26日（日）	13月28日	産土様に今年一年の感謝を伝える	来年も努力することを決意する	白いシャツを着る
27日（月）	1月1日	来年どのような変化を起こしたいか考察する	前向きに過ごす	赤いカップで熱いものを飲む
28日（火）	1月2日	来年の理想的な過ごし方を検討する	新月の力を取り入れるつもりで	オレンジ色の小物を身に着ける
29日（水）	1月3日	ネガティブ感情にならないよう意識して過ごす	命があることに感謝する	黄色い付箋を使う
30日（木）	1月4日	時間を大事にしながら過ごす	精神を穏やかに保つ	黄緑色のものを家の中で見つける
31日（金）	1月5日	自分のこれまでを振り返る時間を持つ	他者を思いやる心を持つ	緑色の服を着る

2027年 12月　December

グレゴリオ	カタカムナ	行動指針	気持ちの指針	ラッキーカラー
1日（水）	13月3日	命を有り難く頂く気持ちで食事する。特に玄米を食べる	見えない世界とつながる意識を持つ	赤い花を飾る
2日（木）	13月4日	今の成果を検証する	自分が自分の人生の責任者だと自覚する	オレンジ色の小物を置く
3日（金）	13月5日	エネルギーを蓄えることを優先する	人に左右されないようにする	黄色いランプを使う
4日（土）	13月6日	好きな人と食事をする	楽しい感覚を味わう	黄緑のブックカバーを使う
5日（日）	13月7日	産土様に今までのことをご報告する	ゆったりと考える	緑色の服を着る、または緑色の靴を履く
6日（月）	13月8日	今後発展させるべき項目を洗い出す	焦らない	青緑の画像を検索する
7日（火）	13月9日	今年の締めくくりについて思案する	シンプルに考える	青いかばんや小物を持つ、または探す
8日（水）	13月10日	不測の事態への心構えを持ち、覚悟と備えをする	すべてを持っていることを自覚する	青紫のシャツを着ている人を見つける
9日（木）	13月11日	次元上昇を目指して行動する	命を精一杯使い切る気持ちで	紫色のものを身に着ける
10日（金）	13月12日	今年の反省を踏まえてこれからすることを決める	良い部分を素直に評価する	貝の中に入っている真珠の画像・映像を眺める
11日（土）	13月13日	超開運日なので、その日のエネルギーを生かすつもりで昨日決めたことを始める	超開運日であることに感謝する	銀色の小物を持つ
12日（日）	13月14日	物質的に叶えたい望みを明らかにし、叶うためにすべきことを考察する	人も自分と同じだという共感意識を持つ	金色のものを見つける
13日（月）	13月15日	自分軸を再確認し、軸に沿うような行動をする	命を頂いて生きていることに感謝する	白いカップを使う
14日（火）	13月16日	できる限り頑張る	理想的な結果が迎えられるよう願う	赤い紐を結んでみる
15日（水）	13月17日	産土様にお参りする	考えることを大事にする	オレンジ味のものを食べる、飲む

グレゴリオ	カタカムナ	行動指針	気持ちの指針	ラッキーカラー
16日（日）	1月21日	変化を起こすためにできることを実践する	「これでいい」と肯定する	青紫色のものを見つける
17日（月）	1月22日	あきらめないことが大事な日。やめないで続けるよう努める	謙虚な態度を心がける	紫の炎をイメージする
18日（火）	1月23日	ゆっくりと内省し命に感謝する時間を持つ	希望を持って行動することを意識する	真珠色のものを見つける
19日（水）	1月24日	新しい試みに挑戦する	前向きな思考を保つ	家の外に銀色があるのを見つける
20日（木）	1月25日	自分軸を見直し、言動を軌道修正する	客観的に物事を見るようにする	金色の光に包まれたところをイメージする
21日（金）	1月26日	理想のために何をすべきか考察する	実情を把握し対応を心がける	白いタオルを使う
22日（土）	1月27日	神様とつながっていることを意識しながら過ごす	謙虚な気持ちで	赤い服を着る
23日（日）	1月28日	反省すべきことを反省し次に生かす	人と仲良くするよう心がける	オレンジ色を家の外で見つける
24日（月）	2月1日	神様とつながる意識で産土様にお参りする	努力を持続することを誓う	黄色い小物を持つ
25日（火）	2月2日	二極化を避け、調和を目指して動く	知識習得への意欲を持つ	黄緑の草木の香りを嗅ぐ
26日（水）	2月3日	行動を最小限にする	命あることに感謝する	緑の野菜を食べる
27日（木）	2月4日	考えすぎずシンプルに行動に移す	シンプルな思考を保つ	青緑の海で泳ぐことをイメージする
28日（金）	2月5日	自分軸を明確にした上で何かを始める	新しいことに挑む心意気で	青い服を着る
29日（土）	2月6日	新たな趣味を探索する	創造的な心を育むつもりで	青紫色のものを見つける
30日（日）	2月7日	命に感謝し産土様にお参りする	自信を持って前進する心意気で	紫色のセオリツヒメ様の画像を見る
31日（月）	2月8日	発展を目指してすべきことを実践する	決断力を養うことを意識する	真珠のアクセサリーを身に着ける

2028年1月 January

グレゴリオ	カタカムナ	行動指針	気持ちの指針	ラッキーカラー
1日（土）	1月6日	好きな人と食事をする	楽しい感覚を味わう	青緑色のものを見つける
2日（日）	1月7日	内省し自己を見つめ直す	金銭感覚に意識を向けてみる	青い靴を履く
3日（月）	1月8日	発展を目指して何か新しいことをする	自己規律を守る気持ちで	青紫の色をネットで見つける
4日（火）	1月9日	新しいプロジェクトを始める	冷静さを保つ	紫色の入っている服を着る
5日（水）	1月10日	すべてを許すと決めて実践する	何があっても驚かないようにする	真珠のネックレスを身に着ける
6日（木）	1月11日	命があることに感謝しながら過ごす	柔軟な思考を心がける	銀色の指輪などの装飾品を身に着ける
7日（金）	1月12日	相手に伝わるように話す	明るく前向きに	金色の光をイメージする
8日（土）	1月13日	責任感を持って行動する	自己責任の意識を持つ	白いライトを点けてみる
9日（日）	1月14日	理想に向かって歩みを進める	欲しい成果を明確にイメージする	屋外で赤い色を見つける
10日（月）	1月15日	反省すべきことを反省し次に生かす	大局を見る視点を持つ	オレンジ色の食品をとる
11日（火）	1月16日	意識してエネルギーをチャージする	忍耐強く過ごす	黄色い花を見つける
12日（水）	1月17日	徹底して怒らないようにする	長期的視野を持つ	黄緑の葉に触る
13日（木）	1月18日	神様とつながる意識で産土様にお参りする	平和の大事さを感じる	緑色の服か小物を身に着ける
14日（金）	1月19日	地球や大地に感謝しながら過ごす	協調性を大事にする	青緑の海をイメージする
15日（土）	1月20日	見えない力を信じて過ごす	慎重に判断する	青いペンで計画を書く

グレゴリオ	カタカムナ	行動指針	気持ちの指針	ラッキーカラー
16 日（水）	2月24日	家族と過ごす時間を作る	家族の絆を大切にする	ホワイトゴールドの宝飾品を身に着ける、または眺める
17 日（木）	2月25日	ビジネスミーティングをする	プロフェッショナルなふるまいを心がける	赤い野菜を食べる
18 日（金）	2月26日	不測の事態への心構えと覚悟を持ち、備えを見直す	知識欲を満たす気持ちで	オレンジ色のものを見つける
19 日（土）	2月27日	早寝早起きを心がける	体調を整えることを優先する	黄色い光をイメージする
20 日（日）	2月28日	反省すべきことを反省し次に生かす	チャンスを生かす意欲を持つ	黄緑色のものを探す
21 日（月）	3月1日	神様とつながる意識で産土様にお参りする	命の大切さを意識する	黄色い太陽の光を浴びる
22 日（火）	3月2日	やらないほうがいいことをしないために、何をしたらいいかを考える	意識してリフレッシュする	青緑の光をイメージする
23 日（水）	3月3日	産土様にゆるしを請う	遠くにある目標に焦点を当てる	青いものを見つける
24 日（木）	3月4日	クリエイティブな作業をする	アイデアを形にする気持ちで	青紫のカップを使う
25 日（金）	3月5日	新月にお願いごとをする	新月のエネルギーを感じる	紫色の服を着る、または見つける
26 日（土）	3月6日	自分にとって最高の理想とはどういうものか思案する	始めることにこだわりを持つ	真珠の実物または画像・映像を眺める
27 日（日）	3月7日	産土様にお参りをして、新しく実行したことをご報告する	希望に満ちた気持ちで	銀色の宝飾品を身に着ける
28 日（月）	3月8日	進化を意識して積極的に行動を起こす	自信を持つ	金色の光をイメージする
29 日（火）	3月9日	妥協せずに行動する	内面を磨くことを意識する	ホワイトゴールドの光の映像を眺める

2028年 2月

February

グレゴリオ	カタカムナ	行動指針	気持ちの指針	ラッキーカラー
1日（火）	2月9日	リラックスする時間を設ける	穏やかな気持ちを維持する	銀色の食器を使う
2日（水）	2月10日	すべてが満たされていることに心から感謝して過ごす	すべての人・もの・コトに感謝する	金色のものを身に着ける
3日（木）	2月11日	節分の日。「鬼は内、福は内」と言って豆まきをする	コミュニケーションを大切にするよう心がける	自然の中にホワイトゴールド色があるのを見つける
4日（金）	2月12日	立春という新しい年の始まりの日なので、気持ちを新たに過ごす	ワクワクする	赤い服か下着を身に着ける
5日（土）	2月13日	大きな買い物は避ける	慎重な判断を心がける	下丹田（おへその下）にオレンジ色の光を感じる
6日（日）	2月14日	不測の事態への心構えを持ち、覚悟と備えをする	インスピレーションを感じてみる	黄色い光の映像を眺める
7日（月）	2月15日	大掃除をする	スッキリした気持ちを味わう	産土様の神社で黄緑色の植物を見つける
8日（火）	2月16日	写真を整理する	思い出に浸ってみる	緑の野菜を食べる
9日（水）	2月17日	産土様にお参りする	新たな日々が始まるのを感じる	青緑の海の映像を眺める
10日（木）	2月18日	新しく行うことを産土様にお伝えする	学ぶことに喜びを感じる	青いペンで今日の予定を書く
11日（金）	2月19日	自然散策を楽しみ命を愛でる	自然の中で癒やしを感じる	青紫の花を見つける
12日（土）	2月20日	趣味の時間を大切に過ごす	自分の中の創造性を解放する	紫色のアクセサリーを身に着ける
13日（日）	2月21日	人との約束を避ける	自己中心的にならない	真珠を身に着ける
14日（月）	2月22日	目標に向かって計画を立てる	調和を意識する	銀色の小物を使う
15日（火）	2月23日	新たな禊の習慣になりそうなことを始める	自信を持つ	金色のペンで自分の望みを書き出す

グレゴリオ	カタカムナ	行動指針	気持ちの指針	ラッキーカラー
16日（木）	3月25日	自分軸に沿っているか考えてから動く	客観的に物事を見るようにする	黄色い服を着る
17日（金）	3月26日	理想のために何をすべきか思索する	実情を把握し対応を心がける	黄緑色のものを見つける
18日（土）	3月27日	超開運日なので、そのことを意識しながら4月に向けた行動を始める	命があることに感謝する	緑の植物を眺める
19日（日）	3月28日	反省すべきことを反省し次に生かす	他者との調和を大事にする	青緑の絵を見る
20日（月）	4月1日	宇宙元旦の日を祝い、「行動する」と決意する	継続的な努力を心がける	青いアクセサリーを身に着ける
21日（火）	4月2日	二極化を避けて調和に向かうような行動をとる	知識習得への意欲を持つ	青紫の花を見る
22日（水）	4月3日	禊をする	人への感謝を忘れない	紫色のものを身に着ける
23日（木）	4月4日	考えすぎずシンプルに行動に移す	状況が改善し悩みが解消されると信じる	真珠を身に着ける、または見る
24日（金）	4月5日	自分のこれまでを振り返る時間を持つ	他者を思いやる心を持つ	銀色の小物を使う
25日（土）	4月6日	理想の実現を目指してできることを実践する	浄化されるところをイメージする	金色のものを身に着けた人を見つける
26日（日）	4月7日	禊を意識する	見えない力を意識する	ホワイトゴールド色のものの実物または画像を見る
27日（月）	4月8日	新たなアイデアを探求する	創造的な思考を楽しむ	赤いものを身に着ける
28日（火）	4月9日	産土様にお参りする	理想を大事にする	オレンジジュースを飲む
29日（水）	4月10日	初めてのことに挑戦する	希望に満ちた気持ちで	黄色い花を飾る
30日（木）	4月11日	次元上昇する意識で新しいことをする	命を大事に思う	光の色を意識して日光浴を楽しむ
31日（金）	4月12日	思いを発信する	内面を磨くことを意識する	緑茶を飲む

2028年3月　March

グレゴリオ	カタカムナ	行動指針	気持ちの指針	ラッキーカラー
1日（水）	3月10日	他者との和に重きを置いて行動する	人間関係に注意を払う	赤いものを身に着ける
2日（木）	3月11日	創造的な活動に取り組む	否定的な感情を持たないよう注意する	オレンジジュースを飲む
3日（金）	3月12日	自分の現状を人に伝える	穏やかな心を保つ	黄色い花を見る、見つける
4日（土）	3月13日	誤解が解消できるよう努力する	明るい対応を心がける	産土様の神社で黄緑の葉を見つける
5日（日）	3月14日	成果を得るために何を始めたらいいのか検討する	感謝の気持ちを忘れない	光の色を意識して日光浴を楽しむ
6日（月）	3月15日	超開運日なので、その日のパワーを生かすことを意識して何かを始める	自分の究極の願いについて思いを馳せる	深海の写真または映像を眺める
7日（火）	3月16日	責任感を持って行動する	自己責任の意識を持つ	青い服または下着を身に着ける
8日（水）	3月17日	伝えたいことを人に伝える	地球に対して感謝の心を持つ	青紫の花（写真でも良い）を見る
9日（木）	3月18日	理想の現実化に向けたお導きを産土様にお願いする	神様とつながる意識を持つ	紫色のものを身に着ける
10日（金）	3月19日	いつか命が終わることに覚悟を持った上で、すべきことをする	できるだけ我慢する	真珠を着けている人を見つける
11日（土）	3月20日	徹底して怒らないようにする	長期的視野を持つ	銀色のものを使用する
12日（日）	3月21日	途中でやめずに続ける	ものが揃っていることに感謝する	金色のものを買う
13日（月）	3月22日	人と対立しない	ポジティブに考える	ホワイトゴールド色のものを見つける
14日（火）	3月23日	神様に感謝して過ごす	希望を持って「できる」と信じる	赤い靴または靴下を履く
15日（水）	3月24日	前向きに行動する	氣の領域の力を信じる	オレンジ色のものを食べる

グレゴリオ	カタカムナ	行動指針	気持ちの指針	ラッキーカラー
16日（日）	4月28日	禊を意識して浄化になることをする	客観的に物事を見るようにする	青紫の花を飾る
17日（月）	5月1日	理想のために何をすべきか考察する	実情を把握し対応を心がける	紫色のものを身に着ける
18日（火）	5月2日	人の意見をよく聞く	人に共感するよう意識する	真珠を身に着ける、または見る
19日（水）	5月3日	命を大事に思いながら過ごす	他者との調和を大切にする	銀色の小物を使う
20日（木）	5月4日	できるだけ我慢する	物質的な成果が得られることを願う	筆記具に付いている金色の部分を見る
21日（金）	5月5日	自分軸を再確認して軸に沿った行動を実践する	知識習得への意欲を持つ	白いキャンドルを灯す
22日（土）	5月6日	理想に向けて行動する	良好な人間関係を目指す	赤い文房具を使う
23日（日）	5月7日	産土様にゆるしを請う	神様とつながる意識を持つ	オレンジ色の服を着る、小物を持つ
24日（月）	5月8日	発展を目指してできることを実行に移す	新しいことに挑む心意気で	黄色い花を飾る、眺める
25日（火）	5月9日	周囲との調和を求めて動く	柔軟性を保つ	黄緑の葉に触れる
26日（水）	5月10日	すべてが満たされていることに心から感謝して過ごす	すべての人・もの・コトに感謝する	緑茶を飲む
27日（木）	5月11日	次元上昇をイメージして実現に向けた一歩を踏み出す	ネガティブ思考を避ける	青緑色のものを見つける
28日（金）	5月12日	調和を大事にして過ごす	他者に批判的にならない	青いペンで願いを書く
29日（土）	5月13日	命あることに感謝して過ごす	自信を持つ	青紫色のものを見つける
30日（日）	5月14日	物質的な望みを口に出す	希望は叶うと信じる	紫の炎をイメージする

2028年4月 April

グレゴリオ	カタカムナ	行動指針	気持ちの指針	ラッキーカラー
1日（土）	4月13日	他者との和を大切にしながら過ごす	人間関係に注意を払う	海の写真を見る
2日（日）	4月14日	理想に向かって歩みを進める	欲しい成果を明確にイメージする	青い服を着る
3日（月）	4月15日	思考を整理し計画を立てる	穏やかな心を保つ	青紫の花（写真でも良い）を見る
4日（火）	4月16日	誤解が解消できるよう努力する	明るい対応を心がける	紫色のものを身に着ける
5日（水）	4月17日	過去の成功を振り返り評価分析する	神様に感謝の気持ちを抱く	真珠を見る
6日（木）	4月18日	不測の事態への心構えを持ち、覚悟と備えをする	堅実な進歩を目指す	銀色のものを使用する
7日（金）	4月19日	責任感を持って行動する	怠けたい気持ちを抑える	金色のものを身に着ける
8日（土）	4月20日	継続を意識して物事に取り組む	理想に向かっていく気持ちで	白い花を飾る
9日（日）	4月21日	満月のパワーを浴び、新しいことに挑戦する	変化しようという意欲を持つ	赤い靴または靴下を履く
10日（月）	4月22日	意識的にエネルギーをチャージする	我慢しない	オレンジ色のものを食べる
11日（火）	4月23日	徹底して怒らないようにする	長期的視野を持つ	黄色い服を着る
12日（水）	4月24日	成果を求めてできることを行動に移す	協調性を大事にする	黄緑色のものを見つける
13日（木）	4月25日	自分軸を再確認して言動を軌道修正する	「これでいい」と肯定する	緑の植物を眺める
14日（金）	4月26日	理想を再確認する時間を持つ	「できる」と信じる	青緑の絵を見る
15日（土）	4月27日	神様にお願いをする	前向きな姿勢を保つ	青いアクセサリーを身に着ける

グレゴリオ	カタカムナ	行動指針	気持ちの指針	ラッキーカラー
16日（火）	6月2日	二極化に向かいそうな行動を避ける	続けようと決める	金色の筆記具を使う
17日（水）	6月3日	ネガティブ感情にならないよう意識して過ごす	命があることに感謝する	ホワイトゴールドの光の映像を眺める
18日（木）	6月4日	成果を上げるために始めるべきことは何か検討する	精神を穏やかに保つ	赤い花を飾る
19日（金）	6月5日	成果を上げることを目指して実際に行動し始める	冷静さを心がける	オレンジ色の小物を置く
20日（土）	6月6日	好きな人とお互いの理想について話す	楽しい感覚を味わう	黄色いランプを使う
21日（日）	6月7日	産土様にお参りする	今の環境に感謝する	黄緑のブックカバーを使う
22日（月）	6月8日	ケンカせず、平和な状況が保てるように努める	自己規律を守る気持ちで	緑色の服を着る、または緑色の靴を履く
23日（火）	6月9日	自分にとって最高の状態とはどういうものか考え、そこに向かって動く	見えない領域とつながろうとしてみる	青緑の画像を検索する
24日（水）	6月10日	すべてを許すことを決めて実践する	何があっても驚かないようにする	青いかばんや小物を持つ、または探す
25日（木）	6月11日	大きな結果を出すことを目標にして動く	柔軟な思考を心がける	青紫のシャツを着ている人を見つける
26日（金）	6月12日	できるだけ人に伝えるよう努める	明るく前向きに	紫色のものを身に着ける
27日（土）	6月13日	行動は控え目にし、思考する時間を持つ	自己責任の意識を持つ	貝の中に入っている真珠の画像・映像を眺める
28日（日）	6月14日	理想を改めて考える	理想に向かう心意気で	銀色の小物を持つ
29日（月）	6月15日	命を大事に思いながら過ごす	大局を見るよう心がける	金色のものを見つける
30日（火）	6月16日	理想に向けて新しいことを始める	理想は実現可能だと信じる	白いカップを使う
31日（水）	6月17日	新しく始めたことを産土様にお伝えする	長期的視野を持つ	赤い紐を結んでみる

2028年 5月

May

グレゴリオ	カタカムナ	行動指針	気持ちの指針	ラッキーカラー
1日（月）	5月15日	ケンカを避ける	自分軸を大事にする	真珠の実物または写真を見る
2日（火）	5月16日	自分を甘やかさないよう意識して行動する	理想を追求する気持ちで	銀色のスプーンかフォークかナイフを使う
3日（水）	5月17日	新しく行ったことを産土様にお伝えする	落ち着きを保つ	金色のものを見つける
4日（木）	5月18日	進化・発展を目指して動く	イライラしない	ホワイトゴールド色のものを探してみる
5日（金）	5月19日	考えすぎないで行動する	シンプルに考える	赤いペンで予定を書く
6日（土）	5月20日	これから始めることを一生懸命考案する	すべてが満たされていることに感謝する	オレンジ色のタオルを使う
7日（日）	5月21日	くらしに変化を求めて実行する	自己責任の意識を持つ	黄色いものを見つける
8日（月）	5月22日	意識的に理想に向けた行動をとる	人の良い面を見るようにする	黄緑色のものを見つける
9日（火）	5月23日	産土様にゆるしを請う	エネルギーがチャージできたことを感じる	緑の観葉植物を置く、または眺める
10日（水）	5月24日	欲しいもの、コトは何かをよく考えて明確にする	「できる」と信じる	青緑の海の映像を眺める
11日（木）	5月25日	自分軸からぶれないために何をするか決める	長期的視野を持つ	青いものを身に着ける
12日（金）	5月26日	太陽に感謝して過ごす	協調性を大事にする	青紫の花の写真、映像を見る
13日（土）	5月27日	内省し産土様に感謝を伝える	焦らない	紫色のものを見つける
14日（日）	5月28日	反省すべきことを反省し次に生かす	希望を持つ	真珠色の光をイメージする
15日（月）	6月1日	物事を整理する	前向きに過ごす	銀色のアクセサリーを身に着ける

グレゴリオ	カタカムナ	行動指針	気持ちの指針	ラッキーカラー
16日（金）	7月5日	自分軸を見直して言動を軌道修正する	自分が自分の世界の中心であることを自覚する	黄緑色のものを家の中で見つける
17日（土）	7月6日	新たな趣味を探索する	創造的な心を育むつもりで	緑色の服を着る
18日（日）	7月7日	産土様にお参りする	自信を持って前進する心意気で	青緑色のものを見つける
19日（月）	7月8日	仕事面で大きな一歩を踏み出す	決断に迷わない	青い靴を履く
20日（火）	7月9日	リラックスする時間を設ける	この上ない状態を目指す	青紫の色をネットで見つける
21日（水）	7月10日	目標を見直して計画を練る	すべては満ち足りていると自覚する	紫色の入っている服を着る
22日（木）	7月11日	次元上昇を意識して行動する	命を大切にしようという意識で	真珠のネックレスを身に着ける
23日（金）	7月12日	瞑想やヨガをする	コミュニケーションを大事にする	銀色の指輪などの装飾品を身に着ける
24日（土）	7月13日	地球を感じるものに触れてみる	慎重な判断を心がける	金色の光をイメージする
25日（日）	7月14日	理想を実現させるためにこれからどんな行動をするか決める	インスピレーションを感じてみる	白いライトを点けてみる
26日（月）	7月15日	昨日決めた行動を自分軸に沿った形で始める	スッキリした気持ちを味わう	屋外で赤い色を見つける
27日（火）	7月16日	写真を整理する	思い出に浸ってみる	オレンジ色の食品をとる
28日（水）	7月17日	地球の大地、石に触れてみる	地球があることに有り難いと感謝する	黄色い花を見つける
29日（木）	7月18日	新しい知識を求めて動く	神様につながる意識を持つ	黄緑の葉に触る
30日（金）	7月19日	災害への覚悟を持って過ごす	できる限りの備えをするつもりで	緑色の服か小物を身に着ける

2028年6月 June

グレゴリオ	カタカムナ	行動指針	気持ちの指針	ラッキーカラー
1日（木）	6月18日	神様に感謝を伝える	理想を大切にする	オレンジ味のものを食べる、飲む
2日（金）	6月19日	最近始めたこと、続けていることを振り返って評価分析する	覚悟を持つ	黄色いものを身に着ける
3日（土）	6月20日	見えない力を信じて行動する	習慣を大事にする	黄緑の服を着る、または見つける
4日（日）	6月21日	自身の改善できる部分を考えてみる	自分を認める	緑の葉が付いた木に触れてみる
5日（月）	6月22日	不測の事態への心構えを持ち、覚悟と備えをする	謙虚な態度を心がける	青緑色のものを見つける
6日（火）	6月23日	禊をする	希望を持ちこれから良くなると信じる	青いものを身に着ける
7日（水）	6月24日	満月の光を浴びる	前向きな姿勢を保つ	青紫色のものを見つける
8日（木）	6月25日	自分軸を再確認して言動を軌道修正する	客観的に物事を見るようにする	紫をイメージしてセオリツヒメ様にお祈りする
9日（金）	6月26日	理想のために何をすべきか考察する	実情を把握し対応を心がける	真珠のアクセサリーを身に着ける、または見る
10日（土）	6月27日	命があることを神様に感謝して過ごす	謙虚さを忘れない	銀色のペンダントを身に着ける、または探す
11日（日）	6月28日	反省すべきことを反省し次に生かす	他者との調和を大切にする	金色の装飾品を身に着けている人を見つける
12日（月）	7月1日	神様とつながる意識で産土様にお参りする	努力を持続しようと誓う	白いシャツを着る
13日（火）	7月2日	理想の実現に向けて新しい計画を立てる	知識習得への意欲を持つ	赤いカップで熱いものを飲む
14日（水）	7月3日	命あることに感謝しながら新しいことを始める	命を大事に思う	オレンジ色の小物を身に着ける
15日（木）	7月4日	考えすぎずシンプルに行動に移す	地球に対して感謝の心を持つ	黄色い付箋を使う

グレゴリオ	カタカムナ	行動指針	気持ちの指針	ラッキーカラー
16日（日）	8月7日	新たなことを始め、挑戦する	希望に満ちた気持ちで	青紫色のものを見つける
17日（月）	8月8日	積極的に行動を起こす	今までよりも大きく発展しようという気持ちで	紫色のセオリツヒメ様の画像を見る
18日（火）	8月9日	より完成に近づけるように努力する	「これ以上できない」と思うまで続ける	真珠のアクセサリーを身に着ける
19日（水）	8月10日	すべてが満たされていることに心から感謝して過ごす	すべての人・もの・コトに感謝する	銀色の食器を使う
20日（木）	8月11日	次元上昇を目指してできることを実行に移す	安易な行動はつつしむよう心がける	金色のものを身に着ける
21日（金）	8月12日	思考を整理し計画を立てる	明るい対応を心がける	ホワイトゴールド色を自然の中から見つける
22日（土）	8月13日	誤解が解消できるよう努力する	新月のエネルギーを感じる	赤い服か下着を身に着ける
23日（日）	8月14日	成果を上げると決意した上で新しいことに挑戦する	大きく発展することを信じる	下丹田（おへその下）にオレンジ色の光を感じる
24日（月）	8月15日	自分の使命を定め、口に出して言う	自分にとって楽しいことをしようという気持ちで	黄色い光の映像を眺める
25日（火）	8月16日	行動の意図を明確にした上で実際に行う	結果を出すことにこだわってみる	産土様の神社で黄緑色の植物を見つける
26日（水）	8月17日	伝えたいことを人に伝える	地球に対して感謝の心を持つ	緑の野菜を食べる
27日（木）	8月18日	産土様に感謝を伝える	大局を見るよう心がける	青緑の海の映像を眺める
28日（金）	8月19日	命の使い方について考え実行する	大きな変化があることを覚悟する	青いペンで今日の予定を書く
29日（土）	8月20日	やめずに続ける	怒らない	青紫の花を見つける
30日（日）	8月21日	大きな結果を出すためにすべきことを実践する	変化を喜ぶ	紫色のアクセサリーを身に着ける
31日（月）	8月22日	意識的に理想に向けた行動をとる	人の良い面を見るようにする	真珠を身に着ける

2028年7月

July

グレゴリオ	カタカムナ	行動指針	気持ちの指針	ラッキーカラー
1日（土）	7月20日	継続していることをやめない	人に対して共感するよう心がける	青緑の海をイメージする
2日（日）	7月21日	今までと違うことをやってみる	変化を恐れない	青いペンで計画を書く
3日（月）	7月22日	二極化せず調和に向かうような行動をとる	人のことを認めるようにする	青紫色のものを見つける
4日（火）	7月23日	禊をする	命に感謝する	紫の炎をイメージする
5日（水）	7月24日	家族と過ごす時間を作る	家族の絆を大切にする	真珠色のものを見つける
6日（木）	7月25日	自分軸について人に伝える	主体的に考える	家の外に銀色があるのを見つける
7日（金）	7月26日	満月にお願いごとをする	理想の実現をあきらめない	金色の光に包まれたところをイメージする
8日（土）	7月27日	最高の開運日。神様にお届けするつもりで最高の行動を始める	神様につながる意識を持つ	白いタオルを使う
9日（日）	7月28日	反省すべきことを反省し次に生かす	チャンスを生かす心意気で	赤い服を着る
10日（月）	8月1日	これから何をする必要があるか検討する	人脈を広げることを意識する	オレンジ色を家の外で見つける
11日（火）	8月2日	昨日考えたことを試しにやってみる	意識してリフレッシュする	黄色い小物を持つ
12日（水）	8月3日	自分の役割について考え、役割を果たすよう努める	遠くにある目標に焦点を当てる	黄緑の草木の香りを嗅ぐ
13日（木）	8月4日	クリエイティブな作業をする	アイデアを形にする気持ちで	緑の野菜を食べる
14日（金）	8月5日	自分軸を再確認し軌道修正する	自分の世界の中心は自分だと自覚する	青緑の海で泳ぐことをイメージする
15日（土）	8月6日	理想に向かって進むために何をすべきか考える	理想を重視する	青い服を着る

グレゴリオ	カタカムナ	行動指針	気持ちの指針	ラッキーカラー
16日（水）	9月10日	すべてに感謝しながら過ごす	すべてが満たされていることを感じる	ホワイトゴールドの光の映像を眺める
17日（木）	9月11日	より良くなることを目指して行動する	次元上昇を意識する	赤いものを身に着ける
18日（金）	9月12日	人のためになる発信をする	争わないよう注意する	オレンジジュースを飲む
19日（土）	9月13日	災害など不測の事態への心構えと覚悟を持ち、備えをする	この上ないスタートの日なので、その日のパワーを意識する	黄色い花を見る、見つける
20日（日）	9月14日	物質的な成果だけにこだわらず活動する	精神的に成長することを願う	産土様の神社で黄緑の葉を見つける
21日（月）	9月15日	自分軸について改めて考え、言動を軌道修正する	命があることに感謝する	光の色を意識して日光浴を楽しむ
22日（火）	9月16日	自分が理想に向かって行動しているかチェックし対策を講じる	明るい対応を心がける	深海の写真または映像を眺める
23日（水）	9月17日	産土様にお参りする	地球に対して感謝の心を持つ	青い服または下着を身に着ける
24日（木）	9月18日	自分にとって最高の理想とはどういうものか思索する	良好な人間関係を目指す	青紫の花（写真でも良い）を見る
25日（金）	9月19日	災害に対しての備えを再確認する	何があっても大丈夫だと信じる	紫色のものを身に着ける
26日（土）	9月20日	小さくても継続できそうなことを始める	日々のくらしも大事なことだと認識する	真珠を着けている人を見つける
27日（日）	9月21日	今までと違うことをやってみる	変化しようという意欲を持つ	銀色のものを使用する
28日（月）	9月22日	人のことを批判しない、攻撃しない	調和を意識する	金色のものを買う
29日（火）	9月23日	禊をする	思い浮かんだイメージを大切にする	ホワイトゴールド色のものを見つける
30日（水）	9月24日	見えない力があることを感じる	あきらめない	赤い靴または靴下を履く
31日（木）	9月25日	自分軸に沿うことを何か実行する	神様とつながる意識を持つ	オレンジ色のものを食べる

グレゴリオ	カタカムナ	行動指針	気持ちの指針	ラッキーカラー
1日（火）	8月23日	新たな禊の習慣になりそうなことを始める	希望を持つ	銀色の小物を使う
2日（水）	8月24日	前向きに行動する	氣の領域の力を信じる	金色のペンで自分の望みを書き出す
3日（木）	8月25日	自分軸に沿っているか考えて動く	客観的に物事を見るようにする	ホワイトゴールドの宝飾品を身に着ける、または眺める
4日（金）	8月26日	大災害に向けた心構えと覚悟を持って過ごす	最悪の状況も想定する	赤い野菜を食べる
5日（土）	8月27日	満月のエネルギーを身体に入れるつもりで過ごす	神様につながる意識を持つ	オレンジ色のものを見つける
6日（日）	8月28日	反省すべきことを反省し次に生かす	発展をイメージする	黄色い光をイメージする
7日（月）	9月1日	神様とつながる意識を持ち産土様にお参りする	「すべてはひとつである」というワンネスの意識を持つ	黄緑色のものを探す
8日（火）	9月2日	二極化を避け調和に向かうような行動をとる	知識習得への意欲を持つ	黄色い太陽の光を浴びる
9日（水）	9月3日	命に感謝し、命を大事にしながら過ごす	人への感謝を忘れない	青緑の光をイメージする
10日（木）	9月4日	考えすぎず結果にフォーカスしてシンプルに行動に移す	状況が改善し悩みが解消されると信じる	青いものを見つける
11日（金）	9月5日	これからすべきことを一生懸命考案する	自分の天命を意識する	青紫のカップを使う
12日（土）	9月6日	己巳の日で吉日。そのパワーを活用する意識で行動する	大きな進歩を目指す気持ちで	紫色の服を着る、または探す
13日（日）	9月7日	産土様にお参りする	見えない力を意識する	真珠の実物または画像・映像を眺める
14日（月）	9月8日	新たなアイデアを形にするよう努める	創造的な思考を楽しむ	銀色の宝飾品を身に着ける
15日（火）	9月9日	物事をきわめることを意識して実行に移す	妥協しない	金色の光をイメージする

グレゴリオ	カタカムナ	行動指針	気持ちの指針	ラッキーカラー
16日（土）	10月13日	すべては神様の仕組んだ筋書きだという意識で過ごす	進化していることを認める	緑茶を飲む
17日（日）	10月14日	今物質的に必要なことは何かを明確にする	理想は実現できると信じる	海の写真を見る
18日（月）	10月15日	天命を再確認しそれに向かって歩みを進める	自分軸を大事にする	青い服を着る
19日（火）	10月16日	安易な行動をとらない	理想を追求する気持ちで	青紫の花（写真でも良い）を見る
20日（水）	10月17日	先祖供養の日にする	今の環境に感謝する	紫色のものを身に着ける
21日（木）	10月18日	進化・発展を目指して行動する	イライラしない	真珠を見る
22日（金）	10月19日	災害への備えの確認作業を行う	意識して心を落ち着かせる	銀色のものを使用する
23日（土）	10月20日	日々のくらしができていることに感謝して過ごす	継続しようという意欲を持つ	金色のものを身に着ける
24日（日）	10月21日	くらしに変化を求めて行動に移す	自己責任の意識を持つ	白い花を飾る
25日（月）	10月22日	人の意見を聞く	自己主張を抑える	赤い靴または靴下を履く
26日（火）	10月23日	禊をする	命の有り難さを感じる	オレンジ色のものを食べる
27日（水）	10月24日	成果を上げることを決意した上で新しいことに挑戦する	「できる」と信じる	黄色い服を着る
28日（木）	10月25日	自分軸からぶれないために何をするか決める	長期的視野を持つ	黄緑色のものを見つける
29日（金）	10月26日	太陽に感謝して過ごす	思いやりの意識を持つ	緑の植物を眺める
30日（土）	10月27日	産土様とつながる意識でお参りをする	焦らない	青緑の絵を見る

2028年9月 September

グレゴリオ	カタカムナ	行動指針	気持ちの指針	ラッキーカラー
1日（金）	9月26日	理想を再確認する時間を持つ	「できる」と信じる	黄色い服を着る
2日（土）	9月27日	神様にお願いをする	命を大事に思う	黄緑色のものを見つける
3日（日）	9月28日	現状を鑑みて反省すべきことを反省し次に生かす	客観的に物事を見る視点を持つ	緑の植物を眺める
4日（月）	10月1日	産土様とつながる意識でお参りをする	満月の力を取り入れることをイメージする	青緑の絵を見る
5日（火）	10月2日	対立をしない	理想に向けた行動を心がける	青いアクセサリーを身に着ける
6日（水）	10月3日	今の状況を振り返り、反省すべきことを反省し次に生かす	命を大事に思う	青紫の花を見る
7日（木）	10月4日	成果を上げるためにはどうしたらいいか検討する	物質的な成果が得られるよう願う	紫色のものを身に着ける
8日（金）	10月5日	必ず新しいことを始めてみる	自分軸を大事にする	真珠を身に着ける、または見る
9日（土）	10月6日	理想に向けた行動をとる	良好な人間関係を目指す	銀色の小物を使う
10日（日）	10月7日	産土様とつながる意識でお参りをする	神様とつながる意識を持つ	金色のものを身に着けた人を見つける
11日（月）	10月8日	進化・発展を目指して行動する	すべてうまく行くと信じる	ホワイトゴールド色のものの実物または画像を見る
12日（火）	10月9日	物事をきわめることを意識して実行に移す	もっと上に行こうと決意する	赤いものを身に着ける
13日（水）	10月10日	すべてが満たされていることに心から感謝して過ごす	すべての人・もの・コトに感謝する	オレンジジュースを飲む
14日（木）	10月11日	より良くなることを目指してできることをする	命に感謝する	黄色い花を飾る
15日（金）	10月12日	新しく始めることを考える	コミュニケーションを大事にする	光の色を意識して日光浴を楽しむ

グレゴリオ	カタカムナ	行動指針	気持ちの指針	ラッキーカラー
16日（月）	11月15日	自分軸を再確認して軌道修正する	ゴールまでの過程を大切にする	紫の炎をイメージする
17日（火）	11月16日	計画を立てる	太陽に感謝の念を持つ	真珠の実物または写真を見る
18日（水）	11月17日	これから何を実行するかを産土様にご報告する	地球や自然に感謝する	銀色のスプーンかフォークかナイフを使う
19日（木）	11月18日	直感を信じて行動する	迷わず進む気持ちで	金色のものを見つける
20日（金）	11月19日	災害への備えの確認作業を行う	命を守ることを最優先に考える	ホワイトゴールド色のものを探してみる
21日（土）	11月20日	やり続けていることをやめない	自己表現を大切にする	赤いペンで予定を書く
22日（日）	11月21日	新しい視点が持てそうなことをする	あきらめず対応する心づもりで	オレンジ色のタオルを使う
23日（月）	11月22日	吉日なので、その日の力を生かすことを意識して行動する	調和を意識する	黄色いものを見つける
24日（火）	11月23日	禊を意識し禊になるようなことを始める	実践を重視する	黄緑色のものを見つける
25日（水）	11月24日	綿密に計画を練る	真剣に取り組む気持ちで	緑の観葉植物を置く、または眺める
26日（木）	11月25日	無理をしない	自分を大事にする	青緑の海の映像を眺める
27日（金）	11月26日	ゴールを明確にして歩みを始める	自己中心的にならない	青いものを身に着ける
28日（土）	11月27日	神様に感謝して過ごす	見えない世界とつながる意識を持つ	青紫の花の写真、映像を見る
29日（日）	11月28日	反省すべきことを反省し次に生かす	次元上昇することを願う	紫色のものを見つける
30日（月）	12月1日	産土様にお参りする	明るい気持ちで過ごす	真珠色の光をイメージする
31日（火）	12月2日	ケンカや争いをしない	人に貢献することを意識する	銀色のアクセサリーを身に着ける

2028年10月 October

グレゴリオ	カタカムナ	行動指針	気持ちの指針	ラッキーカラー
1日（日）	10月28日	反省すべきことを反省し次に生かす	すべてに感謝する	青いアクセサリーを身に着ける
2日（月）	11月1日	次元上昇を意識した上でできることをする	過去の悪い行いが許されることを願う	青紫の花を飾る
3日（火）	11月2日	災害への覚悟を新たにし、備えを再確認する	対立したくなる気持ちを抑える	紫色のものを身に着ける
4日（水）	11月3日	他者を思いやった言動をとる	自己中心的にならない	真珠を身に着ける、または見る
5日（木）	11月4日	欲しい結果・成果を明確にイメージする時間を持つ	次元上昇を望む気持ちで	銀色の小物を使う
6日（金）	11月5日	自分軸を見直す	自分の理想を意識する	筆記具に付いている金色の部分を見る
7日（土）	11月6日	太陽の光を浴びてエネルギーを感じる	自分に厳しくする	白いキャンドルを灯す
8日（日）	11月7日	食べものの命をつなげることを意識しながら食事する	命を頂いて生きていることに感謝する	赤い文房具を使う
9日（月）	11月8日	これからの発展を目指して行動する	あきらめない	オレンジ色の服を着る、小物を持つ
10日（火）	11月9日	もっと上に行くためにできることをする	複雑に考えない	黄色い花を飾る、眺める
11日（水）	11月10日	「理想は実現できる」と口に出して言う	今の環境に感謝する	黄緑の葉に触れる
12日（木）	11月11日	ゾロ目を探す	次元上昇ができると思う	緑茶を飲む
13日（金）	11月12日	発信の仕方を考える	他者批判をしないよう心がける	青緑色のものを見つける
14日（土）	11月13日	進化しようという意思を持って動く	妥協しない	青いペンで願いを書く
15日（日）	11月14日	成果を上げるためにできる行動を始める	冷静になる	青紫色のものを見つける

グレゴリオ	カタカムナ	行動指針	気持ちの指針	ラッキーカラー
16日（木）	12月18日	理想を大切にしながら行動する	新月の力を取り入れる	赤い紐を結んでみる
17日（金）	12月19日	災害への覚悟を持って過ごす	謙虚な気持ちで	オレンジ味のものを食べる、飲む
18日（土）	12月20日	行動を継続する	日々のくらしを大事にする	黄色いものを身に着ける
19日（日）	12月21日	変化を起こすためにどうすればいいか考える	今年一年を振り返ってみる	黄緑の服を着る、または見つける
20日（月）	12月22日	ネガティブな面も考慮しつつ、ポジティブな気持ちでこれから何をするか決める	何事もバランスを取ることを重視する	緑の葉が付いた木に触れてみる
21日（火）	12月23日	昨日決めたことを実行に移す	禊を大事にする気持ちで	青緑色のものを見つける
22日（水）	12月24日	これまで得た成果を評価する	真剣に取り組むことを心がける	青いものを身に着ける
23日（木）	12月25日	自分軸を見直して言動を軌道修正する	謙虚な気持ちで	青紫色のものを見つける
24日（金）	12月26日	理想を明確にした上で行動する	人の意見を聞くよう心がける	紫をイメージしてセオリツヒメ様にお祈りする
25日（土）	12月27日	食べものの命に感謝し、命を身体に入れるつもりで食事する	命があり生かされていることを神様に感謝する	真珠のアクセサリーを身に着ける、または見る
26日（日）	12月28日	今年を振り返り、反省すべき点を反省する時間を持つ	努力しようという意欲を持つ	銀色のペンダントを身に着ける、または探す
27日（月）	13月1日	産土様にお参りする	今年の有終の美を飾ることを考える	金色の装飾品を身に着けている人を見つける
28日（火）	13月2日	人と語り合う	周りに貢献する意識を持つ	白いシャツを着る
29日（水）	13月3日	命を大切にしながら活動する	命の大切さに思いを馳せる	赤いカップで熱いものを飲む
30日（木）	13月4日	結果を出すよう努める	自分が自分の人生の責任者だと自覚する	オレンジ色の小物を身に着ける

2028年 11月　November

グレゴリオ	カタカムナ	行動指針	気持ちの指針	ラッキーカラー
1日（水）	12月3日	命を有り難く頂く気持ちで食事する。特に玄米を食べる	見えない世界とつながる意識を持つ	金色の筆記具を使う
2日（木）	12月4日	成果を出すためにすべきことを本気で考案する	コミュニケーションを大事にする	ホワイトゴールドの光の映像を眺める
3日（金）	12月5日	自分の思いを人に伝える	人に自分を知ってもらうことを心がける	赤い花を飾る
4日（土）	12月6日	自分の理想について確認する時間を持つ	自分に厳しくする	オレンジ色の小物を置く
5日（日）	12月7日	これから始めることを産土様にお伝えする	心に余裕を持つ	黄色いランプを使う
6日（月）	12月8日	発展を目指して発展につながるようなコミュニケーションを取る	冷静さを保つ	黄緑のブックカバーを使う
7日（火）	12月9日	妥協せずもうひと踏ん張りする	複雑に考えない	緑色の服を着る、または緑色の靴を履く
8日（水）	12月10日	まだ何か始められる状況だということに感謝しつつ、新しいことを始める	深く考え込まない	青緑の画像を検索する
9日（木）	12月11日	始めたことを本気で続ける	自分の役割を果たす気持ちで	青いかばんや小物を持つ、または探す
10日（金）	12月12日	自分の考えを外に発信する	英気を養うことを心がける	青紫のシャツを着ている人を見つける
11日（土）	12月13日	進化を目指して何かを発信する	理想は叶うと信じる	紫色のものを身に着ける
12日（日）	12月14日	成果を得るための行動をとる	人をうらやむ意識を持たないようにする	貝の中に入っている真珠の画像・映像を眺める
13日（月）	12月15日	自分軸を再確認して言動を軌道修正する	命を頂いて生きていることに感謝する	銀色の小物を持つ
14日（火）	12月16日	自分の理想を人に伝えてみる	人に共感することを心がける	金色のものを見つける
15日（水）	12月17日	産土様とつながる意識でお参りをする	進化しようという決意を新たにする	白いカップを使う

グレゴリオ	カタカムナ	行動指針	気持ちの指針	ラッキーカラー
16日（土）	13月20日	これから来年に向けて新しく挑戦することを決める	自分に自信を持つ	緑色の服か小物を身に着ける
17日（日）	13月21日	昨日決めたことを始める	未来に希望を持つ	青緑の海をイメージする
18日（月）	13月22日	二極化に向かっていないかどうか確認する	人に共感するよう心がける	青いペンで計画を書く
19日（火）	13月23日	禊をする	命の有り難さを感じる	青紫色のものを見つける
20日（水）	13月24日	今年一年の行いを振り返って反省する時間を持つ	身体を休めることを意識する	紫の炎をイメージする
21日（木）	13月25日	冬至のエネルギー変化（陰→陽）を感じながら過ごす	自我を出すことはひかえる	真珠色のものを見つける
22日（金）	13月26日	来年を理想の年にするために何をすべきか思案する	自己中心的にならない	家の外に銀色があるのを見つける
23日（土）	13月27日	一年を振り返って神様に感謝したいことを挙げる	心を落ち着かせることを意識する	金色の光に包まれたところをイメージする
24日（日）	13月28日	産土様に今年一年の感謝の気持ちを伝える	来年も努力すると決意する	白いタオルを使う
25日（月）	1月1日	来年どんな変化を起こしたいかを思案する	前向きな気持ちで	赤い服を着る
26日（火）	1月2日	新年を迎えることを意識して浄化になることをする	客観的に見るようにする	オレンジ色を家の外で見つける
27日（水）	1月3日	ネガティブ感情にならないよう意識して過ごす	命があることに感謝する	黄色い小物を持つ
28日（木）	1月4日	成果を上げるためには何をしたらいいか検討する	物質的な成果を得ることを願う	黄緑の草木の香りを嗅ぐ
29日（金）	1月5日	昨日検討したことを具体的に実行に移す	他者を思いやる心を持つ	緑の野菜を食べる
30日（土）	1月6日	好きな人と食事をする	楽しい感覚を味わう	青緑の海で泳ぐことをイメージする
31日（日）	1月7日	命があることに感謝して過ごす	金銭感覚に意識を向けてみる	青い服を着る

2028年 12月 December

グレゴリオ	カタカムナ	行動指針	気持ちの指針	ラッキーカラー
1日（金）	13月5日	エネルギーを蓄えることを優先する	人に左右されないようにする	黄色い付箋を使う
2日（土）	13月6日	年末年始に災害があることも想定しながら備えを万全にする	満月の力を取り入れることを意識する	黄緑色のものを家の中で見つける
3日（日）	13月7日	今年最高の結果を得ることを目標に何かに挑戦する	ゆったりと考える	緑色の服を着る
4日（月）	13月8日	これから発展させるべき項目を挙げる	焦らない	青緑色のものを見つける
5日（火）	13月9日	先祖供養の日にする	シンプルに考える	青い靴を履く
6日（水）	13月10日	すべてに感謝して過ごす	すべてを持っていることを自覚する	青紫の色をネットで見つける
7日（木）	13月11日	次元上昇を目指して動く	命を精一杯使い切る意識を持つ	紫色の入っている服を着る
8日（金）	13月12日	一年で得た成果について人に伝える	良い部分を見て素直に評価する	真珠のネックレスを身に着ける
9日（土）	13月13日	大きな進化を目指してすべきことをする	細かいことは気にしない	銀色の指輪などの装飾品を身に着ける
10日（日）	13月14日	理想に向かって歩みを進める	欲しい成果を明確にイメージする	金色の光をイメージする
11日（月）	13月15日	自分軸を再確認し軸に沿った行動をする	プロセスが大事だと認識する	白いライトを点けてみる
12日（火）	13月16日	できる限り頑張る	理想的な結果を望む	屋外で赤い色を見つける
13日（水）	13月17日	産土様にお参りする	よく考えるようにする	オレンジ色の食品をとる
14日（木）	13月18日	今年進化したポイントをまとめる	一年の有終の美を飾ることを意識	黄色い花を見つける
15日（金）	13月19日	ネガティブな出来事が起こることに覚悟の気持ちを抱き、できるだけ備える	心を落ち着かせることを意識する	黄緑の葉に触る

グレゴリオ	カタカムナ	行動指針	気持ちの指針	ラッキーカラー
16日（火）	1月23日	禊をする	基礎を大事にするつもりで	真珠を身に着ける
17日（水）	1月24日	成果を上げるために会うべき人に会う	積極性を重視する	銀色の小物を使う
18日（木）	1月25日	自分軸を見直して軌道修正する	客観的に物事を見るようにする	金色のペンで自分の望みを書き出す
19日（金）	1月26日	理想のために何をすべきか考察する	できないと思う気持ちを手放す	ホワイトゴールドの宝飾品を身に着ける、または眺める
20日（土）	1月27日	自分軸を考えて軸に沿った行動をする	謙虚さを忘れない	赤い野菜を食べる
21日（日）	1月28日	反省すべきことを反省し次に生かす	人と仲良くするよう心がける	オレンジ色のものを見つける
22日（月）	2月1日	新たに何かに挑戦する	努力を持続することを誓う	黄色い光をイメージする
23日（火）	2月2日	二極化を避けて調和に向かうことを実行する	知識習得への意欲を持つ	黄緑色のものを探す
24日（水）	2月3日	ゆっくりと内省し命に感謝する	謙虚な態度を心がける	黄色い太陽の光を浴びる
25日（木）	2月4日	成果を上げるためにできることを行動に移す	シンプルな思考を保つようにする	青緑の光をイメージする
26日（金）	2月5日	自分のこれまでを振り返る時間を持つ	他者を思いやる心を持つ	青いものを見つける
27日（土）	2月6日	理想に向かっていることを確認し歩みを進める	創造的な心を育むつもりで	青紫のカップを使う
28日（日）	2月7日	命に感謝し産土様にお参りする	自信を持って前進する心意気で	紫色の服を着る、または見つける
29日（月）	2月8日	仕事面で大きな一歩を踏み出す	決断力を養うことを意識する	真珠の実物または画像・映像を眺める
30日（火）	2月9日	リラックスする時間を設ける	穏やかな気持ちでいる	銀色の宝飾品を身に着ける
31日（水）	2月10日	不測の事態への心構えを持ち、覚悟と備えをする	ポジティブに考える	金色の光をイメージする

2029年 1月 January

グレゴリオ	カタカムナ	行動指針	気持ちの指針	ラッキーカラー
1日（月）	1月8日	ケンカせず、平和を保つように努める	自己規律を守る気持ちで	青紫色のものを見つける
2日（火）	1月9日	最高を目指して歩みを進める	妥協しない	紫色のセオリツヒメ様の画像を見る
3日（水）	1月10日	すべてが満たされていることに心から感謝して過ごす	すべての人・もの・コトに感謝する	真珠のアクセサリーを身に着ける
4日（木）	1月11日	次元上昇を意識して行動する	明るく前向きに	銀色の食器を使う
5日（金）	1月12日	過去の反省をする	コミュニケーションを大事にする	金色のものを身に着ける
6日（土）	1月13日	責任感を持って行動する	自己責任の意識を持つ	自然の中にホワイトゴールド色があるのを見つける
7日（日）	1月14日	得たい成果を明確にして活動計画を練る	ものに感謝する	赤い服か下着を身に着ける
8日（月）	1月15日	自分軸について考えて軸に沿った行動をする	大局を見る視点を持つ	下丹田（おへその下）にオレンジ色の光を感じる
9日（火）	1月16日	意識してエネルギーをチャージする	忍耐強く過ごす	黄色い光の映像を眺める
10日（水）	1月17日	産土様に喜んでいただけそうなことを始める	今の環境に感謝する	産土様の神社で黄緑色の植物を見つける
11日（木）	1月18日	神様とつながる意識で産土様にお参りする	平和の大事さに思いを寄せる	緑の野菜を食べる
12日（金）	1月19日	地球や大地に感謝しながら過ごす	協調性を大事にする	青緑の海の映像を眺める
13日（土）	1月20日	三日前に始めたことを続けるかどうか検討する	慎重な判断を心がける	青いペンで今日の予定を書く
14日（日）	1月21日	変化しようという意欲を持って動く	長期的な視野で考える	青紫の花を見つける
15日（月）	1月22日	新月のエネルギーを浴びながら、浄化になりそうなことをする	浄化されることをイメージする	紫色のアクセサリーを身に着ける

グレゴリオ	カタカムナ	行動指針	気持ちの指針	ラッキーカラー
16日（金）	2月26日	理想に向けて新しい挑戦をする	知識習得への意欲を持つ	オレンジ色のものを食べる
17日（土）	2月27日	産土様にゆるしを請う	体調を整えることを優先する	黄色い服を着る
18日（日）	2月28日	反省すべきことを反省し次に生かす	チャンスを生かす意欲を持つ	黄緑色のものを見つける
19日（月）	3月1日	神様とつながる意識で産土様にお参りする	命の大切さを意識する	緑の植物を眺める
20日（火）	3月2日	自分の理想を人に伝える	人の良いところを見つけるようにする	青緑の絵を見る
21日（水）	3月3日	新しいことを始められる状況に感謝しつつ何かを始める	遠くにある目標に焦点を当てる	青いアクセサリーを身に着ける
22日（木）	3月4日	クリエイティブな作業をする	アイデアを形にする気持ちで	青紫の花を見る
23日（金）	3月5日	自分軸を考える	新月のエネルギーを感じる	紫色のものを身に着ける
24日（土）	3月6日	理想に向かって進むためにどうすべきか検討する	命あることが当たり前ではないと自覚する	真珠を身に着ける、または見る
25日（日）	3月7日	産土様にお参りする	希望を持つ	銀色の小物を使う
26日（月）	3月8日	進化を目指して積極的に行動を起こす	自信を持つ	金色のものを身に着けた人を見つける
27日（火）	3月9日	妥協せずに行動する	内面を磨くことを心がける	ホワイトゴールド色のものの実物または画像を見る
28日（水）	3月10日	多くの人に貢献できることを実践する	人間関係に注意を払う	赤いものを身に着ける

2029年 2月 February

グレゴリオ	カタカムナ	行動指針	気持ちの指針	ラッキーカラー
1日（木）	2月11日	友人と連絡を取る	コミュニケーションを大切にすることを心がける	ホワイトゴールドの光の映像を眺める
2日（金）	2月12日	節分の日。「鬼は内、福は内」と言って豆まきをする	争わず調和を大事にする	赤いものを身に着ける
3日（土）	2月13日	立春という新しい年の始まりの日なので、気持ちを新たにし一年の間にすることを決める	慎重な判断を心がける	オレンジジュースを飲む
4日（日）	2月14日	昨日決めたことを始める	インスピレーションを感じてみる	黄色い花を見る、見つける
5日（月）	2月15日	大掃除をする	スッキリした気持ちを味わう	産土様の神社で黄緑の葉を見つける
6日（火）	2月16日	写真を整理する	思い出に浸ってみる	光の色を意識して日光浴を楽しむ
7日（水）	2月17日	産土様にお参りする	自然を感じるよう意識する	深海の写真または映像を眺める
8日（木）	2月18日	理想の現実化に向けたお導きを産土様にお願いする	神様とつながる意識を持つ	青い服または下着を身に着ける
9日（金）	2月19日	何が起きても大丈夫なように備えを見直す	自然の中で癒やしを感じる	青紫の花（写真でも良い）を見る
10日（土）	2月20日	趣味の時間を大切に過ごす	自分の中の創造性を解放する	紫色のものを身に着ける
11日（日）	2月21日	人との約束をなるべく避ける	自己中心的にならない	真珠を着けている人を見つける
12日（月）	2月22日	目標に向かって努力する	意志を強く保つ	銀色のものを使用する
13日（火）	2月23日	新月の願い事をする	新月のエネルギーを感じる	金色のものを買う
14日（水）	2月24日	家族と過ごす時間を作る	家族の絆を大切にする	ホワイトゴールド色を見つける
15日（木）	2月25日	ビジネスミーティングをする	プロフェッショナルなふるまいを心がける	赤い靴または靴下を履く

グレゴリオ	カタカムナ	行動指針	気持ちの指針	ラッキーカラー
16日（金）	3月26日	理想の実現のために何をすべきか考察する	実情を把握し対応を心がける	黄緑色のものを見つける
17日（土）	3月27日	「行動の月」の4月に向けて何か新しいことをする	命があることに感謝する	緑の植物を眺める
18日（日）	3月28日	反省すべきことを反省し次に生かす	他者との調和を大事にする	青緑の絵を見る
19日（月）	4月1日	神様とつながる意識を持ち産土様にお参りする	持続的な努力を心がける	青いアクセサリーを身に着ける
20日（火）	4月2日	宇宙元旦の日を祝い、「行動する」と決意する	知識習得への意欲を持つ	青紫の花を飾る
21日（水）	4月3日	禊をする	人への感謝を忘れない	紫色のものを身に着ける
22日（木）	4月4日	考えすぎずシンプルに行動に移す	状況が改善し悩みが解消されると信じる	真珠を身に着ける、または見る
23日（金）	4月5日	自分のこれまでを振り返る時間を持つ	他者を思いやる心を持つ	銀色の小物を使う
24日（土）	4月6日	これから何を始めるかを決める（まだ始めない）	浄化されることをイメージする	筆記具に付いている金色の部分を見る
25日（日）	4月7日	命に感謝をし、新しく始めることを産土様にお伝えする	見えない力を意識する	白いキャンドルを灯す
26日（月）	4月8日	新たなアイデアを探求する	創造的な思考を楽しむ	赤い文房具を使う
27日（火）	4月9日	産土様にお参りする	理想を大事にする	オレンジ色の服を着る、小物を持つ
28日（水）	4月10日	新たに決めたことを始め、挑戦する	希望に満ちた気持ちで	黄色い花を飾る、眺める
29日（木）	4月11日	より良くなることを目指して行動する	命を大事に思う	黄緑の葉に触れる
30日（金）	4月12日	静かに過ごし内省する	内面を磨くつもりで過ごす	緑茶を飲む
31日（土）	4月13日	他者との和を重視して動く	人間関係に注意を払う	青緑色のものを見つける

2029年3月 March

グレゴリオ	カタカムナ	行動指針	気持ちの指針	ラッキーカラー
1日（木）	3月11日	創造的な活動に取り組む	満月のパワーを取り入れるつもりで	オレンジジュースを飲む
2日（金）	3月12日	自分の現状を人に伝える	穏やかな心を保つ	黄色い花を飾る
3日（土）	3月13日	人との関係を見直す	明るい対応を心がける	光の色を意識して日光浴を楽しむ
4日（日）	3月14日	理想に向かって歩みを進める	欲しい成果を明確にイメージする	緑茶を飲む
5日（月）	3月15日	自分軸に沿うことを実行に移す	スッキリした気持ちを味わう	海の写真を見る
6日（火）	3月16日	責任感を持って行動する	自己責任の意識を持つ	青い服を着る
7日（水）	3月17日	伝えたいことを人に伝える	地球に対して感謝の心を持つ	青紫の花（写真でも良い）を見る
8日（木）	3月18日	発展を目指して新しいことを実践する	大局を見る視点を持つ	紫色のものを身に着ける
9日（金）	3月19日	いつか命が終わることに覚悟を持って過ごす	できるだけ我慢する	真珠を見る
10日（土）	3月20日	徹底して怒らないようにする	長期的視野を持つ	銀色のものを使用する
11日（日）	3月21日	続けようと努力する	ものが揃っていることに感謝する	金色のものを身に着ける
12日（月）	3月22日	二極化に向かっていないか確認し行動を見直す	人に共感してみる	白い花を飾る
13日（火）	3月23日	禊をした上で新たな習慣になりそうなことをする	命に感謝する	赤い靴または靴下を履く
14日（水）	3月24日	前向きに行動する	氣の領域の力を信じる	オレンジ色のものを食べる
15日（木）	3月25日	自分軸に沿っているか考え、軸に合う行いをする	客観的に物事を見るようにする	黄色い服を着る

グレゴリオ	カタカムナ	行動指針	気持ちの指針	ラッキーカラー
16日（月）	5月1日	何か新しいことをする	実情を把握し対応を心がける	紫色のものを見つける
17日（火）	5月2日	人の意見をよく聞く	人に共感することを心がける	真珠色の光をイメージする
18日（水）	5月3日	産土様にゆるしを請う	他者との調和を大切に	銀色のアクセサリーを身に着ける
19日（木）	5月4日	成果を出すことを考えて新しいことを実践する	物質的な成果が得られるよう願う	金色の筆記具を使う
20日（金）	5月5日	自分のこれまでを振り返る時間を持つ	他者を思いやる心を持つ	ホワイトゴールドの光の映像を眺める
21日（土）	5月6日	理想に向けた行動をする	良好な人間関係を目指す	赤い花を飾る
22日（日）	5月7日	太陽の光に感謝し日光浴をする	神様とつながる意識を持つ	オレンジ色の小物を置く
23日（月）	5月8日	進化・発展のために必要なことは何か思索する	得たい成果を明確にイメージする	黄色いランプを使う
24日（火）	5月9日	今きわめたいことは何か考え実践する	柔軟に考える	黄緑のブックカバーを使う
25日（水）	5月10日	すべてに感謝して過ごす	他者を尊重する	緑色の服を着る、または緑色の靴を履く
26日（木）	5月11日	次元上昇をイメージし実現に向けて動く	ネガティブ思考を避ける	青緑の画像を検索する
27日（金）	5月12日	調和を大事にして過ごす	他者に批判的にならない	青いかばんや小物を持つ、または探す
28日（土）	5月13日	満月の力を借りて何かを始める	満月のパワーを感じる	青紫のシャツを着ている人を見つける
29日（日）	5月14日	物質的な希望を口に出して言う	望みは叶うと信じる	紫色のものを身に着ける
30日（月）	5月15日	ケンカや争いを避ける	自分軸を大事にする	貝の中に入っている真珠の画像・映像を眺める

2029年4月 April

グレゴリオ	カタカムナ	行動指針	気持ちの指針	ラッキーカラー
1日（日）	4月14日	今後の災害への備えが充分かどうか、徹底的に考えてすべき対応をとる	ネガティブな面も考慮してみる	青いペンで願いを書く
2日（月）	4月15日	思考を整理し計画を立てる	穏やかな心を保つ	青紫色のものを見つける
3日（火）	4月16日	誤解が解消できるよう努力する	明るい対応を心がける	紫の炎をイメージする
4日（水）	4月17日	過去の成功を振り返り評価分析する	神様に感謝の気持ちを抱く	真珠の実物または写真を見る
5日（木）	4月18日	小さな成功が積み重ねられるよう努める	堅実な進歩を目指す	銀色のスプーンかフォークかナイフを使う
6日（金）	4月19日	責任感を持って行動する	自己責任の意識を持つ	金色のものを見つける
7日（土）	4月20日	継続することを目標に何かに挑戦する	理想に向かう気持ちで	ホワイトゴールド色のものを探してみる
8日（日）	4月21日	言葉と行動を一致させる	変化しようという意欲を持つ	赤いペンで予定を書く
9日（月）	4月22日	意識してエネルギーをチャージする	忍耐強く過ごす	オレンジ色のタオルを使う
10日（火）	4月23日	徹底して怒らないようにする	長期的視野を持つ	黄色いものを見つける
11日（水）	4月24日	玄米を食べる	協調性を大事にする	黄緑色のものを見つける
12日（木）	4月25日	自分軸を再確認し軸に沿った行動をする	「これでいい」と肯定する	緑の観葉植物を置く、または眺める
13日（金）	4月26日	理想を再確認する時間を持つ	「できる」と信じる	青緑の海の映像を眺める
14日（土）	4月27日	神様にお願いをする	前向きな姿勢を保つ	青いものを身に着ける
15日（日）	4月28日	禊を意識して浄化できそうなことをする	客観的に物事を見るようにする	青紫の花の写真、映像を見る

グレゴリオ	カタカムナ	行動指針	気持ちの指針	ラッキーカラー
16日（水）	6月3日	ネガティブ感情にならないよう意識して過ごす	命があることに感謝する	白いシャツを着る
17日（木）	6月4日	成果を出すための行動をとる	精神を穏やかに保つ	赤いカップで熱いものを飲む
18日（金）	6月5日	自分のこれまでを振り返る時間を持つ	他者を思いやる心を持つ	オレンジ色の小物を身に着ける
19日（土）	6月6日	好きな人とお互いの理想について話す	楽しい感覚を味わう	黄色い付箋を使う
20日（日）	6月7日	産土様にお参りする	今の環境に感謝する	黄緑色のものを家の中で見つける
21日（月）	6月8日	ケンカせず、平和を保つように努める	自己規律を守る気持ちで	緑色の服を着る
22日（火）	6月9日	自分にとって最高の状態とはどういうものか考察する	見えない領域とつながろうとしてみる	青緑色のものを見つける
23日（水）	6月10日	すべてを許すことを決めて実践する	何があっても驚かないようにする	青い靴を履く
24日（木）	6月11日	大きな結果を出すために考える	柔軟な思考を心がける	青紫の色をネットで見つける
25日（金）	6月12日	対立を避けるためにすべきことを決める	明るく前向きに	紫色の入っている服を着る
26日（土）	6月13日	昨日決めたことを実行に移す	自己責任の意識を持つ	真珠のネックレスを身に着ける
27日（日）	6月14日	理想に向かって歩みを進める	欲しい成果を明確にイメージする	銀色の指輪などの装飾品を身に着ける
28日（月）	6月15日	月光浴をして満月のパワーを身体に入れる	エネルギーがチャージできたと思う	金色の光をイメージする
29日（火）	6月16日	玄米を食べる	理想は実現可能だと信じる	白いライトを点けてみる
30日（水）	6月17日	産土様にお参りする	長期的視野を持つ	屋外で赤い色を見つける
31日（木）	6月18日	不測の事態への心構えと覚悟を持ち、備えの見直しをする	理想を大切にする	オレンジ色の食品をとる

2029年5月 May

グレゴリオ	カタカムナ	行動指針	気持ちの指針	ラッキーカラー
1日（火）	5月16日	理想を実現するつもりで新しいことに挑戦する	理想を追い求める意識を持つ	銀色の小物を持つ
2日（水）	5月17日	今の環境に感謝しながら過ごす	落ち着きを保つ	金色のものを見つける
3日（木）	5月18日	理想の現実化に向けたお導きを産土様にお願いする	神様とつながる意識を持つ	白いカップを使う
4日（金）	5月19日	災害への心構えと覚悟を持って備える	「大丈夫だ」と信じる	赤い紐を結んでみる
5日（土）	5月20日	継続できていることに感謝して過ごす	すべてが満たされていることに感謝する	オレンジ味のものを食べる、飲む
6日（日）	5月21日	くらしに変化を求めて行動に移す	自己責任の意識を持つ	黄色いものを身に着ける
7日（月）	5月22日	理想に向かって歩みを進める	理想を追求する気持ちを維持する	黄緑の服を着る、または探す
8日（火）	5月23日	行動は最小限にする	命に感謝する	緑の葉が付いた木に触れてみる
9日（水）	5月24日	欲しいもの、コトは何かをよく考えて明確にする	「できる」と信じる	青緑色のものを見つける
10日（木）	5月25日	自分軸からぶれないことを決意し、軸に合った言動をとる	長期的視野を持つ	青いものを身に着ける
11日（金）	5月26日	太陽に感謝して過ごす	協調性を大事にする	青紫色のものを見つける
12日（土）	5月27日	命に感謝し産土様にお参りする	自信を持って前進する心意気で	紫をイメージしてセオリツヒメ様にお祈りする
13日（日）	5月28日	今反省すべき点を反省し、改善策を決める	希望を持つ	真珠のアクセサリーを着ける、または見る
14日（月）	6月1日	昨日決めたことを実行に移す	前向きに過ごす	銀色のペンダントを着ける、または探す
15日（火）	6月2日	自分の理想を人に伝える	人の良いところを見つけるようにする	金色の装飾品を身に着けている人を見つける

グレゴリオ	カタカムナ	行動指針	気持ちの指針	ラッキーカラー
16日（土）	7月6日	新たな趣味を探索する	創造的な心を育むつもりで	緑の野菜を食べる
17日（日）	7月7日	命があり生かされていることを産土様に感謝して過ごす	自信を持って前進する心意気で	青緑の海で泳ぐイメージをする
18日（月）	7月8日	仕事面で大きな一歩を踏み出す	決断に迷わないようにする	青い服を着る
19日（火）	7月9日	リラックスする時間を設ける	この上ない状況を目指す	青紫色のものを見つける
20日（水）	7月10日	すべてに感謝して、自分がどうすれば人に役立てるかよく考える	すべては満ち足りていることを自覚する	紫色のセオリツヒメ様の画像を見る
21日（木）	7月11日	昨日考えついたことを実践する	命を大切にしようという意識で	真珠のネックレスなどのアクセサリーを身に着ける
22日（金）	7月12日	瞑想やヨガをする	コミュニケーションを大事にする	銀色の食器を使う
23日（土）	7月13日	地球を感じるものに触れてみる	慎重な判断を心がける	金色のものを身に着ける
24日（日）	7月14日	芸術作品を鑑賞する	インスピレーションを感じてみる	自然の中にホワイトゴールド色があるのを見つける
25日（月）	7月15日	自分軸を大切にした言動をとる	割り切ることも大事だととらえる	赤い服か下着を身に着ける
26日（火）	7月16日	写真を整理する	思い出に浸ってみる	下丹田（おへその下）にオレンジ色の光を感じる
27日（水）	7月17日	地球の大地、石に触れてみる	地球があることの有り難みを実感し感謝する	黄色い光の映像を眺める
28日（木）	7月18日	新しい知識を求めて動く	神様につながる意識を持つ	産土様の神社で黄緑色の植物を見つける
29日（金）	7月19日	災害への覚悟を持って過ごす	できる限りの備えをするよう心がける	緑の野菜を食べる
30日（土）	7月20日	継続していることをやめないようにする	人に対して共感するよう心がける	青緑の海の映像を眺める

2029年6月　June

グレゴリオ	カタカムナ	行動指針	気持ちの指針	ラッキーカラー
1日（金）	6月19日	始めたこと、続けていることを振り返って評価分析する	覚悟の気持ちを抱く	黄色い花を見つける
2日（土）	6月20日	見えない力を信じて動く	習慣を大事にする	黄緑の葉に触る
3日（日）	6月21日	自身の改善できる部分を考えてみる	自分を認める	緑色の服か小物を身に着ける
4日（月）	6月22日	二極化に向かうことを避けた行動をとる	謙虚な態度を心がける	青緑の海をイメージする
5日（火）	6月23日	禊をする	命に感謝する	青いペンで計画を書く
6日（水）	6月24日	結果を出すために行動する	「これでいい」と肯定する	青紫色のものを見つける
7日（木）	6月25日	自分軸を再確認し軸に合う言動をとる	客観的に物事を見るようにする	紫の炎をイメージする
8日（金）	6月26日	理想の実現のためにこれからすることを決める	実情を把握し対応を心がける	真珠色のものを見つける
9日（土）	6月27日	産土様に感謝を伝える	謙虚さを忘れない	家の外に銀色があるのを見つける
10日（日）	6月28日	反省すべきことを反省し次に生かす	他者との調和を大切にする	金色の光に包まれたところをイメージする
11日（月）	7月1日	神様とつながる意識で産土様にお参りする	努力を持続するよう心がける	白いタオルを使う
12日（火）	7月2日	理想の実現に向けて新しい計画を立てる	知識習得への意欲を持つ	赤い服を着る
13日（水）	7月3日	命を有り難く頂く気持ちで食事する	自然を大事に思う	オレンジ色を家の外で見つける
14日（木）	7月4日	考えすぎずシンプルに行動に移す	地球に対して感謝の心を持つ	黄色い小物を持つ
15日（金）	7月5日	自分軸を見直して軌道修正する	自分が自分の世界の中心であることを自覚する	黄緑の草木の香りを嗅ぐ

グレゴリオ	カタカムナ	行動指針	気持ちの指針	ラッキーカラー
16日（月）	8月8日	積極的に行動を起こす	今までよりも大きく発展しようという意欲を持つ	紫色の服を着る、または探す
17日（火）	8月9日	より完成を目指して努力する	「これ以上できない」と思うまで続ける	真珠の実物または画像・映像を眺める
18日（水）	8月10日	満たされていることに感謝の気持ちを抱いて新しいことをする	すべてを持っていることを自覚する	銀色の宝飾品を身に着ける
19日（木）	8月11日	次元上昇につながる意識で行動する	人と争わないことを意識する	金色の光をイメージする
20日（金）	8月12日	クリエイティブな作業をする	アイデアを形にする気持ちで	ホワイトゴールドの光の映像を眺める
21日（土）	8月13日	誤解が解消できるよう努力する	明るい対応を心がける	赤いものを身に着ける
22日（日）	8月14日	成果を出すことを目指して行動に移す	自信を持つ	オレンジジュースを飲む
23日（月）	8月15日	命を大事に思いながら過ごす	大局を見る視点を持つ	黄色い花を見る、見つける
24日（火）	8月16日	行動の意図を明確にした上で実際に行う	結果を出すことにこだわってみる	産土様の神社で黄緑の葉を見つける
25日（水）	8月17日	伝えたいことを人に伝える	地球に対して感謝の心を持つ	光の色を意識して日光浴を楽しむ
26日（木）	8月18日	進化を目指し、進化につながる行動をとる	大局を見る視点を持つ	深海の写真または映像を眺める
27日（金）	8月19日	大きな変化に対応するために何をすべきか考えて実践する	大きな変化に対して覚悟の念を持つ	青い服または下着を身に着ける
28日（土）	8月20日	やめずに続けるようにする	怒らない	青紫の花（写真でも良い）を見る
29日（日）	8月21日	大きな結果を出すためにできることをする	変化することを喜ぶ	紫色のものを身に着ける
30日（月）	8月22日	ネガティブな面も考慮しつつ、ポジティブな気持ちでこれから何をするか決める	「覚悟しなければならない」と自覚する	真珠を着けている人を見つける
31日（火）	8月23日	新たな禊の習慣になりそうなことを始める	希望を持つ	銀色のものを使用する

2029年 7月

July

グレゴリオ	カタカムナ	行動指針	気持ちの指針	ラッキーカラー
1日（日）	7月21日	今までと違うことをやってみる	変化を恐れない	青いペンで今日の予定を書く
2日（月）	7月22日	理想の実現に向けて何をすべきか検討する	謙虚な態度を心がける	青紫の花を見つける
3日（火）	7月23日	最高の開運日。理想の実現に向けて検討したことを実際に始める	希望を持つ	紫色のアクセサリーを身に着ける
4日（水）	7月24日	家族と過ごす時間を作る	家族の絆を大切にする	真珠を身に着ける
5日（木）	7月25日	自分軸について人に伝える	主体的に考える	銀色の小物を使う
6日（金）	7月26日	自分の持つ理想について人に語る	コミュニケーションを大事にする	金色のペンで自分の望みを書き出す
7日（土）	7月27日	産土様にお参りする	神様につながる意識を持つ	ホワイトゴールドの宝飾品を身に着ける、または眺める
8日（日）	7月28日	反省すべきことを反省し次に生かす	チャンスを生かす意欲を持つ	赤い野菜を食べる
9日（月）	8月1日	これから何をする必要があるか思索する	人脈を広げることを意識する	オレンジ色のものを見つける
10日（火）	8月2日	試してみたかったことに挑戦する	リフレッシュを意識する	黄色い光をイメージする
11日（水）	8月3日	自分の役割とは何か考え出す	遠くにある目標に焦点を当てる	黄緑色のものを探す
12日（木）	8月4日	思考を整理し計画を立てる	新月のエネルギーを感じる	黄色い太陽の光を浴びる
13日（金）	8月5日	自分軸を再確認し軸に合う言動をとる	自分の世界の中心は自分だと自覚する	青緑の光をイメージする
14日（土）	8月6日	理想に向かって進むために何をすべきか考える	理想を大事にする	青いものを見つける
15日（日）	8月7日	これから行うことを産土様にお伝えする	心に余裕を持つ	青紫のカップを使う

グレゴリオ	カタカムナ	行動指針	気持ちの指針	ラッキーカラー
16日（木）	9月11日	より良くなることを目指して行動する	命に感謝する	赤いものを身に着ける
17日（金）	9月12日	人のためになる発信をする	争わないよう意識する	オレンジジュースを飲む
18日（土）	9月13日	きわめるつもりで新しいことをする	この上ないスタートの日であることを意識する	黄色い花を飾る
19日（日）	9月14日	理想に向かって歩みを進める	欲しい成果を明確にイメージする	光の色を意識して日光浴を楽しむ
20日（月）	9月15日	自分軸を改めて考え、軸に沿った行動をとる	命があることに感謝する	緑茶を飲む
21日（火）	9月16日	理想に向かって行動を開始する	明るい対応を心がける	海の写真を見る
22日（水）	9月17日	産土様にお参りする	地球に対して感謝の心を持つ	青い服を着る
23日（木）	9月18日	神様から守られていることを感じながら過ごす	大きな進歩を目指す	青紫の花（写真でも良い）を見る
24日（金）	9月19日	満月のパワーを感じながら月光浴をする	何があっても大丈夫だと信じる	紫色のものを身に着ける
25日（土）	9月20日	小さくても継続できそうなことを始める	日々のくらしも大事なことだと認識する	真珠を見る
26日（日）	9月21日	今までと違うことをやってみる	変化しようという意欲を持つ	銀色のものを使用する
27日（月）	9月22日	人のことを批判しない、攻撃しない	調和を意識する	金色のものを身に着ける
28日（火）	9月23日	禊をする	思い浮かんだイメージを大切にする	白い花を飾る
29日（水）	9月24日	成果を上げるために行動に工夫を加える	あきらめない	赤い靴または靴下を履く
30日（木）	9月25日	自分軸に沿う何かを実践する	神様とつながる意識を持つ	オレンジ色のものを食べる
31日（金）	9月26日	理想を再確認する時間を持つ	「できる」と信じる	黄色い服を着る

2029年8月　August

グレゴリオ	カタカムナ	行動指針	気持ちの指針	ラッキーカラー
1日（水）	8月24日	前向きな気持ちで行動する	氣の領域の力を信じる	金色のものを買う
2日（木）	8月25日	自分軸に沿っているか考え、言動を軌道修正する	客観的に物事を見るようにする	ホワイトゴールド色を見つける
3日（金）	8月26日	理想のために何をすべきか考察する	実情を把握し対応を心がける	赤い靴または靴下を履く
4日（土）	8月27日	食べものの命に感謝しながら食事を頂く	神様につながる意識を持つ	オレンジ色のものを食べる
5日（日）	8月28日	反省すべきことを反省し次に生かす	発展をイメージする	黄色い服を着る
6日（月）	9月1日	神様とつながる意識を持ち産土様にお参りする	「すべてはひとつである」というワンネスの意識を持つ	黄緑色のものを見つける
7日（火）	9月2日	自分の持つ理想について人に伝える	人の良いところを見つけるようにする	緑の植物を眺める
8日（水）	9月3日	命に感謝し、命を大事にしながら過ごす	人への感謝を忘れない	青緑の絵を見る
9日（木）	9月4日	得たい成果を明確にして行動する	状況が改善し悩みが解消されると信じる	青いアクセサリーを身に着ける
10日（金）	9月5日	これからすべきことを一生懸命考案する	天命を意識する	青紫の花を見る
11日（土）	9月6日	理想を再確認する時間を持つ	必ず達成できると信じる	紫色のものを身に着ける
12日（日）	9月7日	産土様にお参りする	見えない力を意識する	真珠を身に着ける、または見る
13日（月）	9月8日	新たなアイデアを探求する	創造的な思考を楽しむ	銀色の小物を使う
14日（火）	9月9日	きわめることを意識して何かに挑戦する	妥協しない	金色のものを身に着けた人を見つける
15日（水）	9月10日	すべてに感謝して過ごす	すべてが満たされていることを自覚する	ホワイトゴールドのものの実物または画像を見る

グレゴリオ	カタカムナ	行動指針	気持ちの指針	ラッキーカラー
16日（日）	10月14日	今物質的に必要なことは何かよく考えて明確にする	理想は実現できると信じる	青緑色のものを見つける
17日（月）	10月15日	新しいことを実行するための準備をする	自分軸を大事にする	青いペンで願いを書く
18日（火）	10月16日	安易な行動はつつしむ	理想を追求する気持ちで	青紫色のものを見つける
19日（水）	10月17日	産土様に喜んでいただけるような行動をとる	今の環境に感謝する	紫の炎をイメージする
20日（木）	10月18日	進化・発展を目指してできることを実行する	イライラしない	真珠の実物または写真を見る
21日（金）	10月19日	災害への備えの確認作業を行う	命を守ることを最優先に考える	銀色のスプーンかフォークかナイフを使う
22日（土）	10月20日	日々のくらしができていることに感謝しながら新しいことに挑戦する	継続しようという気持ちで	金色のものを見つける
23日（日）	10月21日	満月のパワーを身体に入れる気持ちで月光浴をする	自己責任の意識を持つ	ホワイトゴールド色のものを探してみる
24日（月）	10月22日	理想に向かうことを意識した行動をとる	人の良い面を見るようにする	赤いペンで予定を書く
25日（火）	10月23日	命あるものに触れる	エネルギーがチャージできたと感じる	オレンジ色のタオルを使う
26日（水）	10月24日	欲しいもの、コトは何かをよく考えて明確にする	「自分にはできる」と信じる	黄色いものを見つける
27日（木）	10月25日	自分軸からぶれないためにすべきことを実践する	長期的視野を持つ	黄緑色のものを見つける
28日（金）	10月26日	不測の事態への心構えを持ち、覚悟と備えをする	思いやりの意識を持つ	緑の観葉植物を置く、または眺める
29日（土）	10月27日	産土様とつながる意識でお参りをする	焦らない	青緑の海の映像を眺める
30日（日）	10月28日	反省すべきことを反省し次に生かす	すべてに感謝する	青いものを身に着ける

2029年9月 September

グレゴリオ	カタカムナ	行動指針	気持ちの指針	ラッキーカラー
1日（土）	9月27日	神様にお願いをする	命を大事に思う	黄緑色のものを見つける
2日（日）	9月28日	現状に反省をし、これからの行動に生かす	客観的に物事を見るようにする	緑の植物を眺める
3日（月）	10月1日	産土様とつながる意識でお参りをする	満たされていることに感謝する	青緑の絵を見る
4日（火）	10月2日	対立しない	理想に向けた行動を心がける	青いアクセサリーを身に着ける
5日（水）	10月3日	今の状況を振り返って反省する	命を大事に思う	青紫の花を飾る
6日（木）	10月4日	できるだけ我慢する	物質的な成果が得られることを願う	紫色のものを身に着ける
7日（金）	10月5日	自分軸に沿ったことを実行する	自分軸を大事にする	真珠を身に着ける、または見る
8日（土）	10月6日	禊をする	良好な人間関係を目指す	銀色の小物を使う
9日（日）	10月7日	命の大切さを考える	神様とつながる意識を持つ	筆記具に付いている金色の部分を見る
10日（月）	10月8日	進化・発展を目指して新しいことをする	すべてうまく行くと信じる	白いキャンドルを灯す
11日（火）	10月9日	きわめることを意識して何かに挑戦する	もっと上に行こうという意欲を持つ	赤い文房具を使う
12日（水）	10月10日	すべてが満たされていることに心から感謝して過ごす	すべての人・もの・コトに感謝する	オレンジ色の服を着る、小物を持つ
13日（木）	10月11日	次元上昇を目指して行動する	「すべてはひとつである」というワンネスを意識する	黄色い花を飾る、眺める
14日（金）	10月12日	自分が何者であるかを宣言する	コミュニケーションを大事にする	黄緑の葉に触れる
15日（土）	10月13日	最高の吉日。その日のパワーを生かすことを考えて何かを始める	ご先祖様に感謝する	緑茶を飲む

グレゴリオ	カタカムナ	行動指針	気持ちの指針	ラッキーカラー
16日（火）	11月16日	計画を立てる	太陽に感謝する	貝の中に入っている真珠の画像・映像を眺める
17日（水）	11月17日	これから実行することを産土様にご報告する	地球や自然に感謝する	銀色の小物を持つ
18日（木）	11月18日	理想の現実化に向けたお導きを産土様にお願いする	神様とつながる意識を持つ	金色のものを見つける
19日（金）	11月19日	大きな変化に対応するにはどうすべきか考えて実践する	大きな変化を覚悟する	白いカップを使う
20日（土）	11月20日	やり続けていることをやめないようにする	自己表現を大切にする	赤い紐を結んでみる
21日（日）	11月21日	新しい視点を持てるようなことをする	あきらめず対応する心づもりで	オレンジ味のものを食べる、飲む
22日（月）	11月22日	対立を避けるためにすべき行動をとる	満月のエネルギーを身体に取り入れるつもりで	黄色いものを身に着ける
23日（火）	11月23日	禊をする	実践を重視する	黄緑の服を着る、または見つける
24日（水）	11月24日	綿密に計画を練る	真剣に取り組むようにする	緑の葉が付いた木に触れてみる
25日（木）	11月25日	無理をしないようにする	自分を大事にする	青緑色のものを見つける
26日（金）	11月26日	ゴールを明確にして進み始める	自己中心的にならない	青いものを身に着ける
27日（土）	11月27日	神様に感謝して過ごす	見えない世界とつながる意識を持つ	青紫色のものを見つける
28日（日）	11月28日	反省すべきことを反省し次に生かす	次元上昇することを願う	紫をイメージしてセオリツヒメ様にお祈りする
29日（月）	12月1日	産土様にお参りする	明るい気分で過ごす	真珠のアクセサリーを身に着ける、または見る
30日（火）	12月2日	ケンカや争いをしない	人に貢献することを意識する	銀色のペンダントを身に着ける、または探す
31日（水）	12月3日	新しいことを始められる状況に感謝しながら何かに挑戦する	遠くにある目標に焦点を当てる	金色の装飾品を身に着けている人を見つける

2029年10月　October

グレゴリオ	カタカムナ	行動指針	気持ちの指針	ラッキーカラー
1日（月）	11月1日	産土様とつながる意識でお参りをする	次元上昇したいと願う	青紫の花の映像、写真を見る
2日（火）	11月2日	次元上昇したらどうなるか想像する時間を持つ	対立したくなる気持ちを抑える	紫色のものを見つける
3日（水）	11月3日	他者を思いやった行動をとる	自己中心的にならない	真珠色の光をイメージする
4日（木）	11月4日	得たい成果を明らかにした上でできることを実践する	次元上昇したいと願う	銀色のアクセサリーを身に着ける
5日（金）	11月5日	主体的に行動する	自分にとっての理想を意識する	金色の筆記具を使う
6日（土）	11月6日	太陽の光を浴びてエネルギーを感じる	自分に厳しくする	ホワイトゴールドの光の映像を眺める
7日（日）	11月7日	産土様にお参りする	焦らず余裕を持つ	赤い花を飾る
8日（月）	11月8日	発展した未来をイメージする	あきらめない	オレンジ色の小物を置く
9日（火）	11月9日	もっと上を目指して行動する	複雑に考えない	黄色いランプを使う
10日（水）	11月10日	満たされていることに感謝を持った上で新しいことをする	すべてを持っていることを自覚する	黄緑のブックカバーを使う
11日（木）	11月11日	次元上昇を目指してできることをする	「すべてはひとつである」というワンネスを意識する	緑色の服を着るか緑色の靴を履く
12日（金）	11月12日	発信の仕方を考え実践する	他者を批判しないようにする	青緑の画像を検索する
13日（土）	11月13日	進化しようという意思を持って動く	妥協しない	青いかばんや小物を持つ、または探す
14日（日）	11月14日	成果を上げることを目指して歩みを進める	ネガティブ思考にならないようにする	青紫のシャツを着ている人を見つける
15日（月）	11月15日	自分軸を再確認して言動を軌道修正する	食べものの命を頂いて生きていることに感謝する	紫色のものを身に着ける

グレゴリオ	カタカムナ	行動指針	気持ちの指針	ラッキーカラー
16日（金）	12月19日	災害への覚悟を持って備えを万全にする	謙虚な気持ちで過ごす	オレンジ色の食品をとる
17日（土）	12月20日	整理整頓をする	日々のくらしを大事にする	黄色い花を見つける
18日（日）	12月21日	変化を起こすためにどうすればいいか考える	今年一年を振り返ってみる	黄緑の葉に触る
19日（月）	12月22日	玄米を食べる	バランスを取ることを重視する	緑色の服か小物を身に着ける
20日（火）	12月23日	禊をする	命の有り難みを感じる	青緑の海をイメージする
21日（水）	12月24日	これまで上げた成果を評価分析する	真剣に取り組むことを心がける	青いペンで計画を書く
22日（木）	12月25日	自分軸を見直して軌道修正する	謙虚な気持ちで	青紫色のものを見つける
23日（金）	12月26日	自分の理想を明確にした上でこれからすることを決める	人の意見を聞くようにする	紫の炎をイメージする
24日（土）	12月27日	食べものの命を身体に入れる意識で感謝して食事する	命があり生かされていることを神様に感謝する	真珠色のものを見つける
25日（日）	12月28日	今年を振り返り、反省すべき点を反省する時間を持つ	努力を怠らないよう心がける	家の外に銀色があるのを見つける
26日（月）	13月1日	産土様にお参りする	一年の有終の美を飾ることを意識する	金色の光に包まれたところをイメージする
27日（火）	13月2日	人との関係を改善するための行動を実践する	災害への覚悟を持つ	白いタオルを使う
28日（水）	13月3日	新しいことを始められる状況に感謝した上で実際に始める	命があることを感謝する	赤い服を着る
29日（木）	13月4日	結果を出すことに注力する	自分の人生の責任者が自分であることを自覚する	オレンジ色を家の外で見つける
30日（金）	13月5日	産土様にゆるしを請う	人に左右されないようにする	黄色い小物を持つ

2029年 11月　November

グレゴリオ	カタカムナ	行動指針	気持ちの指針	ラッキーカラー
1日（木）	12月4日	成果を出すためにすべきことを本気で思案する	コミュニケーションを大事にする	白いシャツを着る
2日（金）	12月5日	自分の思いを人に伝える	人に自分を知ってもらうことを心がける	赤いカップで熱いものを飲む
3日（土）	12月6日	理想の実現を目指して一歩を踏み出す	自分に厳しくする	オレンジ色の小物を身に着ける
4日（日）	12月7日	産土様にお願いをする	心に余裕を持つ	黄色い付箋を使う
5日（月）	12月8日	発展を目指してコミュニケーションを取る	冷静さを保つ	黄緑色のものを家の中で見つける
6日（火）	12月9日	妥協せずもうひと踏ん張りする	複雑に考えない	緑色の服を着る
7日（水）	12月10日	感謝できることを見つけて感謝しながら過ごす	深く考え込まない	青緑色のものを見つける
8日（木）	12月11日	次元上昇を目指して行動する	命があることに感謝する	青い靴を履く
9日（金）	12月12日	自分の考えを外に発信する	英気を養うことを心がける	青紫の色をネットで見つける
10日（土）	12月13日	進化につながるような発信をする	理想は叶うと信じる	紫色の入っている服を着る
11日（日）	12月14日	理想に向かって歩みを進める	欲しい成果を明確にイメージする	真珠のネックレスを身に着ける
12日（月）	12月15日	自分を労わるようにする	命に感謝する	銀色の指輪などの装飾品を身に着ける
13日（火）	12月16日	自分の理想を人に伝えてみる	人に共感するようにしてみる	金色の光をイメージする
14日（水）	12月17日	産土様とつながる意識でお参りをする	進化しようという気持ちで	白いライトを点けてみる
15日（木）	12月18日	今後の発展を神様にお願いした上で行動を起こす	迷わず進む気持ちで	屋外で赤い色を見つける

グレゴリオ	カタカムナ	行動指針	気持ちの指針	ラッキーカラー
16日（日）	13月21日	来年に向けて新しいことに挑戦する	未来に希望を感じる	青緑の海の映像を眺める
17日（月）	13月22日	二極化に向かっていないかどうか確認し行動を見直す	人に共感してみる	青いペンで今日の予定を書く
18日（火）	13月23日	命あるものを頂くことに感謝して食事をする	禊を大事にする	青紫の花を見つける
19日（水）	13月24日	今年一年の反省をする時間を持つ	身体を休めることを意識する	紫色のアクセサリーを身に着ける
20日（木）	13月25日	自分軸を再確認し軸に合う言動をとる	自我を出すことはひかえる	真珠を身に着ける
21日（金）	13月26日	冬至のエネルギー変化（陰→陽）を感じながら過ごす	自己中心的にならない	銀色の小物を使う
22日（土）	13月27日	今年一年を送れたことを神様に感謝しながら過ごす	心を落ち着かせることを意識する	金色のペンで自分の望みを書き出す
23日（日）	13月28日	産土様に感謝を伝え、来年に向けて新しく始めることを決める	来年も努力すると決意する	ホワイトゴールドの宝飾品を身に着ける、または眺める
24日（月）	1月1日	来年に向けて新しいプランを練り始める	前向きな気持ちで過ごす	赤い野菜を食べる
25日（火）	1月2日	浄化を意識し、浄化できそうなことをする	客観的な視点で見てみる	オレンジ色のものを見つける
26日（水）	1月3日	ネガティブ感情にならないよう意識して過ごす	前向きな思考を保つ	黄色い光をイメージする
27日（木）	1月4日	時間を大事にしながら過ごす	精神を穏やかに保つ	黄緑色のものを探す
28日（金）	1月5日	自分のこれまでを振り返る時間を持つ	他者を思いやる心を持つ	黄色い太陽の光を浴びる
29日（土）	1月6日	好きな人と食事をする	楽しい感覚を味わう	青緑の光をイメージする
30日（日）	1月7日	産土様にお参りする	「もったいない」という気持ちを大事にする	青いものを見つける
31日（月）	1月8日	これから得たい成果のイメージを明確に頭に浮かべる	できるだけ自制する	青紫のカップを使う

2029年 12月 December

グレゴリオ	カタカムナ	行動指針	気持ちの指針	ラッキーカラー
1日（土）	13月6日	自分の理想について考える時間を持つ	目標を持つ	黄緑の草木の香りを嗅ぐ
2日（日）	13月7日	命があり生かされていることを産土様に感謝して過ごす	心に余裕を持つ	緑の野菜を食べる
3日（月）	13月8日	進行した未来をイメージする	焦らない	青緑の海で泳ぐことをイメージする
4日（火）	13月9日	どのように今年を締めくくるべきか検討する	物事をシンプルに考える	青い服を着る
5日（水）	13月10日	理想の実現に向けてすべきことを考え出す	己巳の日という吉日で新月であることを意識して過ごす	青紫色のものを見つける
6日（木）	13月11日	次元上昇を目指して行動する	命を精一杯使い切る意識を持つ	紫色のセオリツヒメ様の画像を見る
7日（金）	13月12日	一年の間に得た成果について人に伝える	良い部分を見て素直に評価する	真珠のネックレスなどのアクセサリーを身に着ける
8日（土）	13月13日	大きな進化を目指して動く	細かいことは気にしない	銀色の食器を使う
9日（日）	13月14日	物質的に叶えたい希望を持ってすべきことをする	自分も人も同じだという共感意識を持つ	金色のものを身に着ける
10日（月）	13月15日	自分軸を再確認して軸に合う言動をとる	プロセスを重視する	自然の中にホワイトゴールド色があるのを見つける
11日（火）	13月16日	理想に向けてすべきことを行動に移す	理想的な結果が実現することを願う	赤い服か下着を身に着ける
12日（水）	13月17日	新しく実行したことを産土様にお伝えする	地球や自然に感謝の念を持つ	下丹田（おへその下）にオレンジ色の光を感じる
13日（木）	13月18日	今年進化したポイントをまとめる	一年の有終の美を飾るつもりで	黄色い光の映像を眺める
14日（金）	13月19日	災害への備えの確認作業を行う	命を守ることを最優先に考える	産土様の神社で黄緑色の植物を見つける
15日（土）	13月20日	日々のくらしを見直して行動に移す	自分に自信を持つ	緑の野菜を食べる

あとがき

最後までお読みいただき、ありがとうございます。

ここからはあなたが最強の開運術を実践する時です。必要なものすべてが与えられていることに感謝しながら、天命・地命・我命に沿って設定した目標に向かって、本書でご紹介したさまざまな方法を実行に移してください。

人間にとって生きる目的とは、地球という物質の世界で、使命に向かって行動すること。

そしてその使命とは、地上に神様の意志を広げることです。

神様の意志とは何でしょう。神様の一人称は吾（あ）。その意とは、吾意《あい》＝愛です。

使命に向かう途中で問題が出てきたとしても、自分にとって必要な課題がわかったというだけのこと。

課題を克服するためには何をすればいいのか考えて、また行動していきましょう。そのプロセスにいるだけで、私たちは充分幸せを感じられるはずです。

そうです、愛を広げるために生きている人は、不幸になりようがないのです。

自分が望む現実的な成果が得られたから幸せで、得られないから不幸なのではありません。本当に不幸なのは、思い通りにいかなくて不貞腐《ふてくさ》れたり、自暴自棄になったりしてしまうことです。愛への道を生きていれば、見えない氣の世界が後押しし、産土様が一緒に歩んでくれます。思いもよらない幸運も巡ってきます。

それこそが究極の開運法なのです。

二〇二四年一〇月

志賀美春

預言天狗の開運お告げ
志賀美春

フィナンシャルメンター代表。MDRT（世界百万ドル円卓会議）成績資格終身会員（保険販売世界トップ１％以内）。１級ファイナンシャル・プランニング技能士。広島大学法学部卒業後、住友銀行（現：三井住友銀行）に入社。上司からの苛烈なパワハラに遭いながらも、配属先を最優秀支店に導き預金獲得額西日本一に輝く。その後、転職するもまったく稼げず、金銭的に行き詰まり死まで意識せざるを得ない状況に。師匠であるレノンリー氏やカタカムナ神道の土居正明氏との出会いから危機を乗り越え、現在は幸せに生きる人を増やす活動をしている。

1日《にち》1つであらゆる厄《やく》を幸運《こううん》に変《か》える！
開運年表《かいうんねんぴょう》

2024年10月29日　初版発行
2025年 2 月10日　4版発行

著者／志賀美春《しがみはる》
発行者／山下直久
発行／株式会社 KADOKAWA
〒102-8177　東京都千代田区富士見 2-13-3
電話 0570-002-301（ナビダイヤル）
印刷所／大日本印刷株式会社
製本所／大日本印刷株式会社

本書の無断複製（コピー、スキャン、デジタル化等）並びに
無断複製物の譲渡および配信は、著作権法上での例外を除き禁じられています。
また、本書を代行業者等の第三者に依頼して複製する行為は、
たとえ個人や家庭内での利用であっても一切認められておりません。

●お問い合わせ
https://www.kadokawa.co.jp/（「お問い合わせ」へお進みください）

※内容によっては、お答えできない場合があります。
※サポートは日本国内のみとさせていただきます。
※ Japanese text only
定価はカバーに表示してあります。

© Miharu Shiga 2024 Printed in Japan
ISBN 978-4-04-607038-8　C0095